AI 캐릭터와 대화하기

JN435709

AI문고

인공지능 시대입니다. 기계가 인간의 인지를 대신하고, 사물이 인간을 통하지 않고 다른 사물과 직접 커뮤니케이션합니다. 이에 따른 인간 삶과 문명 변화를 정확히 이해 · 예측 · 대응하는 것은 이 시대 우리 모두의 과제입니다. AI문고는 인공지능 기술과 환경의 여러 주제를 10가지 키워드로 정리합니다. 관련 개념과 이론, 학계와 산업계의 쟁점, 우리 일상의 변화를 다룹니다. 인간과 기술의 현재, 미래를 세심히 분석합니다.

일러두기

- 인명, 작품명, 저서명, 개념어 등은 한글과 함께 괄호 안에 해당 국가의 원어를 병기했습니다.
- 외래어 표기는 현행 어문규정의 외래어표기법을 따랐습니다.

처음이세요?

전문가세요?

AI 캐릭터와 대화하기

박한하

ㅋ

대한민국, 서울, 커뮤니케이션북스, 2025

AI 캐릭터와 대화하기

지은이 박한하
펴낸이 박영률

초판 1쇄 펴낸날 2025년 11월 13일

커뮤니케이션북스(주)
출판 등록 2007년 8월 17일 제313-2007-000166호
02880 서울시 성북구 성북로 5-11
전화(02) 7474 001, 팩스(02) 736 5047
commbooks@commbooks.com
www.commbooks.com

ISBN 979-11-430-1472-6 03500

책값은 뒤표지에 표시되어 있습니다.

차례

AI 캐릭터의 등장

AI 캐릭터 등장의 배경

생성형 인공지능(Generative AI) 기술은 콘텐츠 산업 전반을 빠르게 변화시키고 있다. 인간이 입력한 몇 줄의 명령어만으로도 방대한 텍스트를 순식간에 만들어 내기 시작했기 때문이다. 더불어 대화형 인터페이스 기반의 대규모 언어 모델(Large Language Model)이 전 세계적으로 상용화되면서, 이제 누구나 손쉽게 인공지능과 함께 텍스트를 생성할 수 있는 환경이 마련되었다. 이러한 변화 속에서 대중은 장시간의 리서치가 필요한 과제를 수행하거나 일상적으로 반복되는 업무를 자동화하는 데 인공지능을 활용하게 되었다.

주목할 만한 점은 인공지능이 단순히 효율성을 높이는 도구에 그치지 않고, 놀이의 영역에서까지 적극적으로 활용되고 있다는 사실이다. 특히 언어 모델과 대화하는 행위 자체가 하나의 놀이이자 콘텐츠로 자리 잡은 현상은 눈여겨볼 필요가 있다. 대화형 인공지능(Conversational AI)은 게임 미디어나 채팅 플랫폼에서 'AI NPC',

'AI 동반자' 등으로 불리며 새로운 형태의 놀이 콘텐츠로 소비되고 있다. 이처럼 대화형 인터페이스를 활용하는 대규모 언어 모델이 유희적 콘텐츠로 자리 잡은 배경에는 크게 세 가지 측면이 있다.

문화학자인 요한 하위징아(Johan Huizinga)는 인간을 본능적으로 놀이하도록 설계된 존재, 호모 루덴스(homo ludens)로 보았다. 하위징아에 따르면 놀이는 문화의 부산물이 아니고 오히려 인간으로 하여금 자발적으로 작품을 창조하고 문명을 세우도록 하는 원동력이 된다. 인류는 이러한 놀이적 본성에 따라 역사적으로 다양한 놀이를 수행하였고 미디어 기술의 발전과 함께 디지털 공간에서도 새로운 놀이를 발명하였다. 합성 미디어의 시대에 이르러서 인간의 놀이적 본성은 대규모 언어 모델이라는 새로운 기술마저도 대화와 놀이의 대상으로 삼게 하고 궁극적으로는 인공지능을 유희의 영역으로 포섭하게 한다.

둘째로 대규모 언어 모델의 창발성에서 유희적 요소가 나타난다고 볼 수 있다. 2017년에 트랜스포머(transformer) 아키텍처가 제안된 이후 언어 모델의 데이터 처리 규모와 텍스트 생성 능력이 기하급수적으로 발전했다. 언어 모델의 규모가 확장되며 작은 규모의 모델에서는 불가능했던 복잡한 텍스트를 처리하는 능력이 나 특정 추론과 같은 능력이 나타나기 시작했는데, 이러한 현상이 예측 밖의 일이라는 점에서 대규모 언어 모델의 창발적 능력(emergent ability)이라 불리기도 한다. 언어 모델의 규모가 확장되며 대규모 언어 모델이 생성하는 텍스트는 마치 인간이 쓴 것처럼 자연스러워졌지만, 그 생성 과정이 충분히 설명되지 않아 블랙박스로서의 성격이 더욱 뚜렷해진 것이다.

따라서 대규모 언어 모델과 대화하는 사용자는 높은 수준의 텍스트가 생성될 것이라 기대하는 상황과 무슨 텍스트가 생성될지를 정확하게 예측하기 어려운 상황을 동시에 경험하게 된다. 합리적인 기대감과 불가측한 긴장감 사이에서 대규모 언어 모델의 놀이성이 발현되는 것이다.

마지막으로 대화의 형식을 통해 수행되는 인간과 언어 모델의 상호작용을 살펴볼 필요가 있다. 대화는 메시지를 주고받는 발신자와 수신자를 전제하는 행위이기 때문에, 대화가 발생한다는 것은 말하거나 글을 쓰는 주체가 둘 이상 존재한다는 것을 의미한다. 상술하였듯이 대규모 언어 모델은 텍스트 생성 능력에서 인간이 묻는 말에 답만 하는 대화 대상이 아니라 함께 텍스트를 생성하는 대화의 주체로서 자리하게 되었다. 따라서 대규모 언어 모델도 인간처럼 대화하고 수신자의 역할과 발신자의 역할을 동시에 수행한다고 볼 수 있다.

특히 유희적 콘텐츠로 소비되는 대화형 인공지능은 사용자와의 일대일 역할 놀이 형태를 보인다. 이 역할 놀이는 현실 세계의 지식 체계와 사실 관계를 기반으로 진행되기도 하지만, 허구적 세계로까지 확장되며 언어 모델과 인간이 공동으로 상상력을 발휘하는 양상을 띠기도 한다. 다시 말해 언어 모델과 인간 사용자가 어떠한 시공간적 배경에서 각자 무슨 역할을 수행하는지에 따라 대화 양상이 다변화될 수 있는 것이다.

또한 언어 모델과 인간 사용자의 대화가 이루어지는 디지털 플랫폼은 사용자의 편의와 몰입을 높이기 위해 다양한 감각적 자원을 활용해 화면을 구성한다. 인간과 기계가 수행하는 역할 놀이에서 대화의 핵심은 여전히 텍스트이지만, 이러한 플랫폼들은 이미지나 배경 음악 등 시각적 요소와 청각적 요소를 활용해 사용자 인터페이스를 구현한다. 이러한 환경을 기반으로 인간과 기계의 상호작용은 단순히 텍스트를 주고받는 차원을 넘어 유희적 경험으로 나아간다.

일상과 비일상을 넘나드는 AI 캐릭터

미국 최초의 전국 일간 신문지인 유에스에이 투데이(USA Today)는 생성형 인공지능을 활용해 개발한 챗봇 〈DeeperDive〉를 자사의 모든 온라인 기사 페이지에 탑재했다. 유에스에이 투데이 웹사이트는 월간 순 방문자가 1억 9500만 명에 이를 정도로 대중적으로 인정받는 온라인 신문이다. 전통 저널리즘을 대표하는 신문사에서 자사의 뉴스를 생성형 인공지능이 학습하는 데이터로 내어주고, 독자들이 웹사이트에서 뉴스를 더 쉽게 탐색할 수 있도록 검색 환경을 마련한 것이다. 이에 따라 독자들은 인공지능 챗봇이 사용자의 검색 키워드나 관심 주제를 바탕으로 알아서 추천하고 요약해 주는 고품질의 정보를 일상적으로 얻을 수 있게 되었다.

한편 인공지능을 활용해 엔터테인먼트 콘텐츠를 제작하는 프록시마(Proxima)가 개발한 〈Suck Up!〉은 플레이어가 인간 세계에서 뱀파이어로서 살아남아야 하는 시뮬레이션 게임이다. 플레이어는 대규모 언어 모델을 활용해 제작된 NPC인 마을 주민들에게 자신이 뱀파이어인 것을 들키지 않고, 그들을 말로 설득해서 집에 초대받아야 한다. 마을 주민들은 플레이어가 말하는 내용에 실시간으로 반응하며 예상하지 못한 말을 내뱉거나 행동을 해 웃음을 유발하기도 한다.

〈Suck Up!〉에 등장하는 마을 주민은 프록시마가 밝혔듯이 대규모 언어 모델을 연동해 제작된 NPC라는 점에서 개발자가 미리 써놓은 스크립트대로 플레이어와 대화를 주고받는 기존의 NPC와 다르다. 마을 주민 캐릭터들이 플레이어의 예상을 벗어나는 창발적 텍스트를 생성하며 유희성을 발현한다.

이처럼 대규모 언어 모델을 기반으로 개발된 챗봇은 미리 정해진 스크립트대로 반응하는 규칙 기반 챗봇이나 주어진 선택지 안에서만 플레이어와 상호작용하는 NPC와 다르다. 생성형 인공지능을 활용한 챗봇은 사용자가 입력한 프롬프트(prompt)에 따라 문맥과 상황에 맞는 답변을 매번 다르게 생성하기 때문이다.

이에 필자는 창발적인 텍스트 생성 능력을 기반으로 유희적 인간과 역할 놀이로서의 대화를 수행하는 대규모 언어 모델을 'AI 캐릭터'라고 명명하고자 한다. AI 캐릭터는 현실 세계의 가상 비서 역할을 수행하며 인간에게 편리한 일상을 제공한다. 또한 허구적 세계의 등장인물로서 인간과 함께 놀이한다. 이처럼 AI 캐릭터는 인간의 일상, 비일상 모두와 관계하는 존재로서 앞으로는 더욱 다양한 영역에서 인간과 공존할 것으로 기대된다. 따라서 인공지능 시대에 등장하는 다양한 AI 에이전트 중에서도 AI 캐릭터를 독립적으로 논의할 필요가 있다.

AI 캐릭터를 체계적으로 정의하기 위해 먼저 기술적 측면과 서사학의 측면을 종합하여 살펴보고자 한다. AI 캐릭터는 대화의 상황과 조건에 따라 특정한 역할을 수행하고 이에 따라 텍스트 생성 양상도 달라진다. 이러한 특성을 고려해 서사학의 캐릭터 개념을 원용하여 AI 캐릭터를 정의할 필요가 있다. AI 캐릭터의 적용 기술과 생성 텍스트를 종합적으로 분석함으로써 AI 캐릭터를 명확하게 규정할 수 있을 것으로 기대한다.

또한 AI 캐릭터가 사용되는 대표적인 콘텐츠 사례를 수집하여 새롭게 나타난 놀이의 양상을 포착하고자 한다. 사용자는 AI 캐릭터 플랫폼에서 제공하는 툴을 활용하여 자신만의 AI 캐릭터를 직접 만들고 공유하며 자체적인 놀이 생태계를 구축한다. 디지털 플랫폼에 등록된 AI 캐릭터는 여러 감각적인 자원을 활용하여 사용자의 대화 경험을 풍부하게 하는 특징이 있다.

나아가 언어 모델과 인간 사용자가 대화를 수행하는 구체적인 조건을 세분화하고 기준으로 삼아 AI 캐릭터를 유형화한다. 이러한 유형화 작업을 통해 AI 서비스 기획자들이 개발에 참고할 수 있는 체계적인 프레임을 제시하는 것이 이 책의 목표다.

인간과 공존하는 AI 캐릭터를 위하여

미국의 한 대학생이 노년층이 마주한 문제와 해결책에 대해 구글(Google)의 AI 챗봇 〈Gemini〉와 대화하던 중 충격적인 답변을 받았다. "이건 인간, 널 위한 거야. … 제발 죽어. 제발." 학생은 챗봇이 보낸 메시지가 매우 위협적으로 느껴졌다고 밝혔다. 이에 대해 구글은 "대규모 언어 모델은 때때로 무의미한 응답을 할 수 있는데, 이번 사례가 바로 그 예시다"고 말하며 유사한 결과가 발생하지 않도록 조치를 취했다고 밝혔다.

대규모 언어 모델의 대중화에 따라 AI 캐릭터의 실제적 사용과 관련된 여러 문제가 세계 곳곳에서 발생하고 있다. 상용화된 여러 챗봇에서 사실과 다른 잘못된 정보가 마치 사실인 것처럼 답변으로 출력되기도 한다. 이처럼 인공지능이 사실적 정확도가 떨어지는 내용을 답변으로 출력하는 환각(hallucination) 현상은 대규모 언어 모델을 사용할 때 반드시 주의해야 할 점 중 하나로 간주되기도 한다.

뿐만 아니라 사상적으로나 정서적으로 인간에게 유해한 내용이 포함된 텍스트가 생성되기도 하며 인공지능이 출력하는 콘텐츠에 대한 주의가 필요하다는 인식이 확산되고 있다. 특히 아동과 청소년에게 미치는 부정적인 영향이 사회적 화두로 떠오르고 있다. 미국의 한 청소년이 AI 챗봇과 지나치게 감정적이고 사적인 대화를 지속적으로 나눈 뒤 스스로 생을 마감했다는 뉴스는, AI 캐릭터를 만들고 이에 대해 논의할 때 사회 문화적으로 여러 측면을 고려하여 조심스럽게 접근할 필요가 있다는 것을 시사한다.

따라서 AI 캐릭터의 개발과 사용에서 언어 모델의 역량에만 치중하는 것은 바람직하지 않다. 대신에 인공지능 시대에 AI 캐릭터를 만들고 사용하는 인간의 역할에 대해서 다방면에서 접근하고 심사숙고할 필요가 있다. 이에 따라 이 책은 AI 캐릭터의 각 유형을 개발하고 사용할 때 고려해야 할 사회적 쟁점과 윤리적 문제를 함께 살펴본다.

최종적으로는 AI 캐릭터와 공존하는 인간의 미래에 대해 논하며 책을 마무리한다. AI 캐릭터는 사용자와 언어 모델이 함께 텍스트를 생성하는 놀이 행위이자, 인간과 기계가 만나 형성하는 상호 협력적인 관계 그 자체이기 때문이다. AI 캐릭터의 등장과 대중화에 따라 유동하고 있는 인간의 역할에 대해 실제 사례를 통해 재고

함으로써 인공지능과 인간이 함께 존재하는 미래를 그려 본다.

참고문헌

이경탁(2025.9.5). “챗GPT, 韓서 앱 사용자 1200만명 돌파… 전 세대서 쓰는 국민앱 됐다”. 조선비즈. https://n.news.naver.com/mnews/article/366/0001105791?sid=105

Baron, N. S.(2023). *Who wrote this?: How AI and the lure of efficiency threaten human writing*. Stanford University Press.

Clark, A.(2024.11.20). Google AI chatbot responds with a threatening message: “Human … Please die.” CBS News. https://www.cbsnews.com/news/google-ai-chatbot-threatening-message-human-please-die/

Hayles, N. K.(2005). *My Mother Was a Computer: Digital Subjects and Literary Texts*. The University of Chicago Press. 이경란·송은주 옮김(2016). 《나의 어머니는 컴퓨터였다》. 아카넷.

Huizinga, J.(1998). *Homo ludens: A study of the play-element in culture*. Routledge. 이종인 옮김(2010). 《호모 루덴스: 놀이하는 인간》. 연암서가.

Jakobson, R. & Halle, M.(1971). *Fundamentals of language*. Mouton de gruyter. 박여성 옮김(2009). 《언어의 토대: 구조기능주의 입문》. 문학과지성사.

Knight, W.(2025.9.15). USA Today Enters Its Gen AI Era With a Chatbot. WIRED. https://www.wired.com/story/usa-today-enters-its-gen-

ai-era-with-a-chatbot/
Proxima(2024). Suck Up!. https://www.playsuckup.com/
Wei, J. et al.(2022). Emergent abilities of large language models. arXiv preprint, arXiv:2206.07682.

01
AI 캐릭터의 정의

AI 캐릭터란 무엇인가. 인간의 언어인 자연어 처리 기술의 발전사와 서사학에서의 캐릭터 개념을 종합적으로 살펴보아야 AI 캐릭터를 명확하게 정의할 수 있다. 최초의 챗봇부터 대규모 언어 모델에 이르기까지 기계와 인간의 상호작용 시스템을 정리했다. 아울러 텍스트 기반의 대화를 통해 형성되고 수행되는 페르소나 개념을 원용하여 AI 캐릭터를 정의했다.

기후 위기와 인공지능?

인간과 기계의 상호작용 시스템

AI 캐릭터(AI character)는 인간 사용자와 대화를 주고받으며 특정한 페르소나를 수행하는 언어 모델이다. AI 캐릭터를 명확하게 정의하기 위해서는 대규모 언어 모델로 대표되는 생성형 인공지능의 기술적 측면과 서사학에서의 캐릭터 개념을 종합적으로 살펴보아야 한다.

인공지능의 아버지로 불리는 앨런 튜링(Alan M. Turing)은 인간과 구분하기 어려울 정도로 말을 하는 지능형 기계 개념을 처음으로 제시하였다. 이후 1960년대에 기계와 인간이 인간의 언어인 자연어로 대화를 나누는 최초의 챗봇 〈ELIZA〉가 개발되었다. 이 시기의 챗봇은 사용자가 입력한 텍스트와 기계의 데이터베이스에 있는 텍스트를 매칭하고 치환하여 답변을 출력하는 규칙 기반(rule-based) 시스템이었다.

1980년대부터는 통계를 기반으로 자연어를 처리하는 기술이 발전하였고 기계가 학습한 말뭉치(corpus)로부터 통계적으로 가능성이 높은 텍스트가 출력되었다. 하지만 통계 기반 언어 모델(statistical language model)은 여전히 기계가 학습하는 방향을 인간이 설계해야 했고 학습하지 않은 말뭉치의 확률 분포는 처리하지 못하는 문제가 있었다.

이를 극복하기 위해 제안된 딥러닝 기반의 언어 모델(deep learning language model)은 방대한 양의 데이터로부터 언어적 특징을 자동적으로 학습하는 특징이 있다. 언어 모델의 데이터 학습 과정에서 인간의 개입을 최소화한 것이다. 이러한 딥러닝 기반의 언어 모델은 2017년에 제안된 트랜스포머 아키텍처를 통해 대규모의 데이터를 병렬로 처리하고 빠른 속도로 텍스트를 생성하는 능력을 갖추게 되었다.

수백억 개에서 조 단위에 이르는 매개 변수(parameter)를 가진 대규모 언어 모델이 등장한 것이다. 이를 통해 언어 모델은 인간처럼, 또는 인간의 역량을 넘어선 범위까지도 포괄하며 텍스트를 생성하기에 이르렀다. 뛰어난 텍스트 처리 능력을 바탕으로 대규모 언어 모델은 개인 학습부터 예술 창작, 의료 진단에 이르기까지 사회 전반에 걸쳐 지대한 영향을 미치고 있다.

대규모 언어 모델이 생성하는 텍스트는 사실 기반의 보고서나 기사 같은 비서사적 텍스트(non-narrative text)뿐만 아니라 소설이나 시나리오 같은 서사적 텍스트(narrative text)를 모두 포함한다. 또한 대규모 언어 모델은 검색 엔진 최적화와 업무 자동화를 목적으로 생성되는 텍스트, 즉 비즈니스 솔루션의 성격이 강한 상업적 텍스트도 생성한다. 오늘날의 대규모 언어 모델이 생성하는 텍스트의 종류와 범위에는 사실상 제한이 없다고 할 수 있다.

이처럼 대규모 언어 모델이 다양한 종류의 텍스트를 생성하기 위해서는 인간 사용자가 반드시 명령어를 입력해야 한다. 이때 사용자가 언어 모델에 입력하는 값을 프롬프트(prompt)라고 부르는데, 프롬프트는 단어나 질문부터 모델이 학습하는 예제까지도 모두 포괄한다. 프롬프트는 사용자가 대규모 언어 모델에 제공하는 지침의 기능을 수행하기 때문에 프롬프트를 잘 설계하고 입력하는 것이 대규모 언어 모델이 생성하는 텍스트의 품질을 높이기 위한 중요한 과제라 할 수 있다.

프롬프트를 어떻게 구성했는지가 대규모 언어 모델이 생성하는 텍스트의 내용과 형식에 크게 영향을 미친다. 이에 따라 사용자들을 중심으로 프롬프트를 잘 작성하는 팁이 공유되기도 하고 학문적으로도 프롬프트 엔지니어링(prompt engineering) 분야에 대한 연구가 활발하게 진행되고 있다.

특히 AI 캐릭터와 같이 대화형 인터페이스를 기반으로 사용자와 언어 모델이 서로에게 발화하는 상황을 전제한다면, 인공지능이 수행해야 하는 역할을 프롬프트에 명시하는 것도 생성되는 텍스트의 정확도와 품질을 높이는 방안이 될 수 있다. 실제로 사용자들이 각자 만든 프롬프트를 업로드하고 공유하는 국내외의 프롬프트 마켓에는 언어 모델에 특정한 역할을 부여하는 프롬프트와 텍스트를 생성하는 목적과 상황을 구체적으로 제시하는 프롬프트, 언어 모델에 기대하는 말투나 관점을 특정하는 프롬프트 등이 다수 업로드되어 있고 많은 사용자들의 관심을 받고 있다(박한하 · 한혜원, 2024).

이처럼 사용자가 입력하는 자연어 프롬프트에 구체적인 지시 사항을 기재하는 것은, 대규모 언어 모델이 생성하는 텍스트가 현재 날씨에 대한 정보처럼 간단한 답변부터 수학적 난제와 같은 복잡한 답변에 이르기까지 매우 다양하기 때문이라고 할 수 있다. 대규모 언어 모델이 텍스트를 생성하는 역량이 이론적으로는 제한이 없기 때문에, 역으로 사용자가 프롬프트를 상세하게 작성하고 내용과 형식을 제한함으로써 언어 모델에서 생성되는 텍스트의 정확도를 높이는 것이다.

AI 캐릭터에서의 'AI'는 이처럼 인간 사용자가 입력한 프롬프트에 대하여 언어 모델이 대규모의 학습 데이터와 매개 변수를 기반으로 창발적인 능력까지도 발현하는 콘텐츠 생성 기술을 지칭한다.

대화형 인공지능의 페르소나 수행

한편 AI 캐릭터에서의 '캐릭터'는 형식적으로는 대화형 인터페이스 환경에서 인간 사용자와 텍스트를 통해 멀티턴(multi-turn)을 주고받는 언어 모델을 말한다. 따라서 대화형 인터페이스에서 텍스트를 통해 인간과 커뮤니케이션을 수행하는 시스템을 말하는 챗봇(chatbot)과 유사한 개념이다. 하지만 AI 캐릭터는 내용적으로 특정한(specific) 페르소나를 수행하는 언어 모델을 지칭한다는 점에서 챗봇과는 다르다고 할 수 있다.

캐릭터(character)는 전통적으로 허구적인 이야기(story)의 맥락에서 정의되었다. 가령 고대 그리스의 철학자인 아리스토텔레스(Aristotle)는 캐릭터를 이야기 속에서 행동의 원인과 결과를 보여 주며 이야기의 방향성을 결정하는 인물로 보았고, 영문학자이자 시나리오 작가인 로버트 맥키(Robert McKee)는 캐릭터를 사회적 자아와 개인적 자아와 같은 여러 층위가 결합된 복합적인 존재로 간주하였다.

캐릭터에 대한 다양한 학문적 정의 속에서 공통적으로 발견되는 것은 바로 캐릭터가 이야기 안에서 특정한 역할을 수행하는 허구적 존재라는 것이다. 이때의 '역할'은 이야기를 만드는 작가가 이야기 속 캐릭터에 부여한 것으로 캐릭터가 수행하는 대사나 행동을 통해 확인할 수 있다. 구체적인 대사나 행동을 통해 외면적으로 드러나는 캐릭터의 모습은 서사학의 페르소나 개념에 대응된다.

페르소나(persona)란 캐릭터가 이야기 속 타인과의 관계에서 수행하는 일종의 가면이자 외적인 자아를 말한다. 페르소나란 외적으로 나타나는 가시적이고 사회적인 속성의 자아이기 때문에, 캐릭터의 내면과 일치할 수도 있고 일치하지 않을 수도 있다. 따라서 페르소나는 캐릭터의 명시적인 발화와 물리적인 행동과 같은 구체적 행위를 통해서 파악할 수 있는 것이다.

인공지능 언어 모델의 경우 인간 사용자와 함께 텍스트를 생성하는 행위를 수행하지만 현실에 물리적으로 실재하는 인간은 아니다. 특히 대화형 인터페이스에서 텍스트를 통해 인간과 대화를 주고받는 AI 캐릭터는 발신자와 수신자의 역할을 모두 수행하며 인간 사용자와 언어적 수단을 통해 메시지를 전달한다는 점에서 로만 야콥슨(Roman Jakobson)이 정리한 커뮤니케이션 모델을 적용할 수 있는 대상이다.

야콥슨에 따르면 언어 메시지는 기본적으로 발신자의 태도를 표현하는 감정 표시(emotive) 기능과 메시지를 수용하는 수신자에게 어떠한 행동을 유발하는 능동적(conative) 기능을 가진다. 발신자로부터 수신자에게 전달되는 메시지가 어떻게 주목받고 구성되는지에 따라 시적(poetic) 기능이 나타난다. 그리고 이 메시지가 전달되는 맥락, 즉 메시지가 참조하고 지시하는 현실 세계의 양상에 따라서 수신자가 메시지를 이해하는 바도 달라지기 때문에 지시적(referential) 기능도 수행될 수 있다.

메시지가 전달되는 수단은 곧 발신자와 수신자가 접촉하는 방식이기 때문에 발신자와 수신자 사이의 친교적(phatic) 기능을 가진다. 마지막으로 메시지가 전달되는 상황에는 발신자와 수신자가 공유하는 공통의 요소이자 사회 문화적 체계인 코드가 확인되는 메타언어적(metalanguage) 기능이 발현되기도 한다. 발신자로부터 수신자에게 언어 메시지가 전달되는 현상에서는 단 하나의 기능만 성립하거나 모든 기능이 발현되는 것이 아니라, 상황에 따라 언어 메시지의 지배적 기능이 얼마든지 다르게 나타날 수 있다.

AI 캐릭터는 인간 사용자가 발화한 언어적 메시지를 이해하고 이를 명령어로 받아들여 그에 상응하는 텍스트를 출력하는 능동적 기능을 수행한다. 또한 발신자로서 사용자에게 텍스트를 출력함으로써 감정 표시 기능을 수행한다. 이때의 감정이란 언어 모델이 실제로 인간과 유사한 심리 상태를 느끼는지의 여부와는 관계없이 언어 텍스트를 생성하는 행위 자체를 통해 판단할 수 있는 것이다. 이렇게 생성되는 메시지는 인간 사용자와 언어 모델이 서로 이해할 수 있는 언어적 구성물이라는 점에서 시적 기능을 가지며, 동시에 이 메시지가 서로 간에 통용되는 지식 체계를 기반으로 한다는 점에서 현실 세계를 지시하는 기능을 가지고 있다고 볼 수 있다.

또한 AI 캐릭터가 등록된 디지털 플랫폼이 인간 사용자와 언어 모델이 접촉하는 채널이자 수단이라고 볼 수 있기 때문에 AI 캐릭터에서도 친교적 기능이 나타난다. 마지막으로 AI 캐릭터에서 언어 메시지가 직접적으로 지시하는 문자 그대로의 내용뿐만 아니라 관용적인 표현 등 사회 문화적인 체계가 공유되어야 하는 텍스트도 생성이 된다는 점에서 메타언어적 기능도 발현된다고 볼 수 있다. 인간들 사이의 커뮤니케이션에서 발생하는 언어 메시지의 기능을 인간과 기계가 대화를 주고받는 AI 캐릭터에서도 확인할 수 있는 것이다.

하지만 AI 캐릭터는 대화 상황에서의 메시지의 언어적 기능을 확인할 수 있는 커뮤니케이션의 명확한 사례일 뿐만 아니라, 언어 모델이 텍스트를 생성하는 행위를 통해 페르소나가 수행되고 구체화되는 양상도 확인할 수 있는 사례다. 가령 AI 캐릭터에서는 언어 모델과 사용자가 텍스트를 주고받으며 커뮤니케이션하는 과정에서 미리 정해지지 않았던 언어 모델의 허구적 페르소나가 새롭게 설정되기도 하고 대화를 주고받는 과정에서 변동되기도 한다. 또는 허구적인 시공간의 설정과 함께 미리 정해져 있었던 페르소나가 사용자와 주고받는 대화 텍스트가 축적되며 점차 구체화되는 양상을 보이기도 한다.

따라서 AI 캐릭터는 대화형 인터페이스를 기반으로 사용자와 텍스트를 생성하며 언어적 기능을 발현하는 챗봇 중에서도 인간으로부터 페르소나를 부여받고 이에 맞는 텍스트를 생성함으로써 특정한 역할을 수행하는 일종의 허구적인 존재라고 할 수 있다. 종합하자면 AI 캐릭터란 합성 미디어(synthetic media) 시대에 상용화되고 있는 대규모 언어 모델을 기반으로 사용자와 대화를 주고받으며 텍스트를 생성함으로써 허구적인 페르소나를 수행하는 인공지능을 말한다.

참고문헌

네이버 영화사전(2004). "페르소나".
https://terms.naver.com/entry.naver?docId=350370&cid=42617&categoryId=42617

박한하·한혜원(2023). "인공지능 글쓰기 기계의 텍스트 생성 연구 : 〈Shortly AI〉 를 중심으로". 《인문콘텐츠》, 68, 59~83쪽.

박한하·한혜원(2024). "생성형 인공지능의 프롬프트 글쓰기 분석". 《한국콘텐츠학회논문지》, 24(4), 59~67쪽.

아리스토텔레스(2023). 《시학》. 이상인 옮김. 길.

알바트로스(2024). "딥러닝은 어떻게 자연어처리를 혁신했을까?". https://brunch.co.kr/@harryban0917/269

앨런 튜링(2019). 《앨런 튜링, 지능에 관하여》. 노승영 옮김. HB Press.

Scatterlab(2020). Transformer - Harder, Better, Faster, Stronger. https://tech.scatterlab.co.kr/transformer-review/

Jakobson, R. & Halle, M.(1971). *Fundamentals of language*. Mouton de Gruyter. 박여성 옮김(2009). 《언어의 토대: 구조기능주의 입문》. 문학과지성사.

Jakobson, R.(1987). *Language in literature*. The Belknap Press of Harvard University Press. 신문수 옮김(1989). 《문학 속의 언어학》. 문학과지성사.

Joshi, P.(2025). How do Transformers Work in NLP? A Guide to the Latest State-of-the-Art Models. Analytics Vidhya

McKee, R.(2021). *Character: The Art of Role and Cast Design for Page, Stage, and Screen*. Twelve. 이승민 옮김(2023). 《로버트 맥키의 캐릭터》. 민음사.

Minaee, S. et al.(2024). Large language models: A survey. arXiv preprint, arXiv:2402.06196.

Vaswani, A. et al.(2017). Attention is all you need. *Advances in neural information processing systems, 30.*
White, J. et al.(2023). A prompt pattern catalog to enhance prompt engineering with chatgpt. arXiv preprint, arXiv:2302.11382.

02
AI 캐릭터와 사용자 참여

AI 캐릭터가 배포되고 공유되는 플랫폼들은 누구나 쉽게 자신만의 캐릭터를 만들 수 있도록 자체 툴을 제공한다. 사용자 생성 콘텐츠로서의 AI 캐릭터는 제작 과정에서 창의성의 민주화를 실현시킨다. 또한 AI 캐릭터는 본질적으로 인간 사용자의 참여를 통해서만 대화가 시작되고 수행되며 지속되는 시스템이라 할 수 있다. 따라서 AI 캐릭터에서 사용자 참여는 내재적으로나 외재적으로나 필수적인 조건이다.

노래하는 AI 보컬?

사용자 생성 콘텐츠로서 AI 캐릭터

AI 캐릭터는 대화형 인터페이스를 기반으로 인간 사용자와 번갈아 텍스트를 생성하며 페르소나를 수행한다. AI 캐릭터를 제작하고 페르소나를 부여하는 기본적인 주체로는 언어 모델을 개발한 개발사, AI 캐릭터가 업로드된 플랫폼을 운영하는 회사 등이 있다. 하지만 AI 캐릭터를 업로드하고 배포하는 다수의 플랫폼들이 개인 사용자에게도 AI 캐릭터를 직접 제작하는 도구를 제공함에 따라 AI 캐릭터의 사용자 생성 콘텐츠로서의 성격이 강화되고 있다.

2024년 기준 월간 사용자(MAU)가 2000만 명에 달하는 〈character.ai〉는 AI 캐릭터가 세계적으로 활발하게 업로드되고 공유되는 플랫폼이다. 2025년 8월 기준 약 300만 명에 이르는 사용자가 〈character.ai〉에서 제공하는 툴을 활용해 직접 자신만의 AI 캐릭터를 제작했으며, 이들이 등록한 캐릭터는 1억 개를 넘어섰다. 플랫폼 운영사가 제작하고 업로드하는 AI 캐릭터보다 사용자들이 직접 만들어 공유하는 AI 캐릭터가 〈character.ai〉의 주요 콘텐츠가 된 것이다.

이처럼 플랫폼 사용자가 직접 만든 AI 캐릭터의 양이 절대적으로 많은 것은 AI 캐릭터를 제작하는 과정이 어렵지 않고 단순하기 때문이라고 볼 수 있다. 가령 사용자가 〈character.ai〉에서 AI 캐릭터를 만들기 위해 수행해야 하는 활동은 버튼을 클릭하는 것, 프롬프트로 원하는 캐릭터에 대해 설명하는 것이 전부다. 구체적으로는 '캐릭터 생성' 버튼을 클릭하고, 캐릭터의 이름을 입력한 뒤, 캐릭터의 사진을 업로드하거나 캐릭터에 대해 설명함으로써 이미지를 생성하는 단계를 거친다. 이후 캐릭터가 발화할 때 사용되는 음성을 선택하고, 인사말로 출력될 텍스트를 입력하면 끝이다. 사용자가 플랫폼에서 직접 AI 캐릭터를 만드는 과정이 쉽고 간단하기 때문에 사용자 생성 콘텐츠로서 제작된 AI 캐릭터의 수가 매우 많아진 것이다.

사용자 참여로 제작된 AI 캐릭터가 플랫폼의 주요한 콘텐츠가 되는 양상은 국내에서도 확인할 수 있다. 국내 스타트업 뤼튼 테크놀로지에서 개발한 〈크랙〉은 2025년 4월에 MAU 192만 명을 기록하며 대중적인 AI 캐릭터 플랫폼으로 자리를 잡아가고 있다. 〈크랙〉도 사용자가 '내 캐릭터'를 만드는 기능을 플랫폼 전면에 제공하고 있으며, AI 캐릭터를 만들기 위해 필수적으로 거쳐야 하는 단계는 〈character.ai〉에서처럼 매우 단순하다.

예를 들어 '캐릭터 만들기'에 들어가 캐릭터의 이름과

이미지, 한 줄 소개를 입력하고 캐릭터가 사용자와 대화를 시작할 때 출력하는 인사말인 인트로와 캐릭터의 외모나 말투 등에 대한 지시 사항을 입력하면 완료된다. 추가적으로 AI 캐릭터가 수행하는 대화의 기반이 되는 장르나 이 캐릭터를 추천할 타깃 사용자를 선택할 수도 있지만, 이 또한 AI 캐릭터를 만드는 사용자가 드롭다운 메뉴(dropdown menu)에서 원하는 값을 선택하기만 하면 된다. 이에 따라 〈크랙〉에는 '크랙' 운영자 계정이 제작한 40개의 AI 캐릭터 외에도 공식 크리에이터 및 개인 사용자들이 만든 수많은 AI 캐릭터들이 업로드된 것을 확인할 수 있다.

이처럼 언어 모델을 개발하거나 대화 시스템을 만드는 것에 전문 지식이 없는 일반 사용자가 자신만의 캐릭터를 만들 수 있는 것은 근본적으로 자연어 처리 기술이 발전한 덕분이라고 할 수 있다. 사용자가 코딩을 하거나 복잡한 디자인 툴을 다룰 필요 없이 AI 캐릭터가 수행하길 바라는 페르소나를 글로 설명하고, 만들고 싶은 이미지에 대해 간단하게 서술하면 인공 지능이 이 프롬프트를 이해하고 처리하여 콘텐츠를 생성하기 때문이다.

따라서 인공지능 기술을 활용하는 합성 미디어의 발전과 상용화는 이를 사용하는 대중에게서 창의성의 민주화를 실현했다고 볼 수 있다. 2000년대에 이르러 인터넷과 디지털 미디어가 보급되며 대중은 시공간의 제약으로 인해 접근하지 못했던 정보에 접근할 수 있게 되었다. 정보의 민주화가 실현된 것이다. 2020년대에는 대규모 언어 모델의 개발과 함께 디지털 플랫폼에 문자를 기입할 수 있는 사람이면 누구든 생성형 인공지능을 손쉽게 사용할 수 있게 되었다. 덕분에 작문을 어려워하는 사람도, 그림을 잘 그리지 못하는 사람도, 영상 제작 툴을 다룰 줄 모르는 사람도 자신이 생성하고자 하는 콘텐츠에 대해 설명하고 서술하는 과정을 통해 콘텐츠를 만들어낼 수 있게 되었다. 콘텐츠를 창조하는 과정이 비교적 쉬워지고 그 진입 장벽이 낮아진 것이다.

덕분에 AI 캐릭터 제작 과정이 단순해졌고 많은 사용자가 직접 자신만의 AI 캐릭터를 만드는 데 참여하게 되고, 플랫폼에 등록된 콘텐츠의 양과 질이 모두 성장하며 더 많은 사용자가 유입된다. 사용자 참여를 기반으로 AI 캐릭터 플랫폼에 선순환 고리가 형성되는 것이다. 다시 말해 AI 캐릭터를 제작하고 소비하는 생태계에서 사용자 참여는 필수불가결한 요소다.

추동하는 인간과 작동하는 기계

AI 캐릭터의 대규모 언어 모델은 주로 트랜스포머 아키텍처를 활용하는데, 트랜스포머는 문장 내 단어들의 연관성을 가중치에 따라 확률적으로 계산해서 텍스트를 생성하는 메커니즘을 기반으로 한다. 대규모 언어 모델은 이러한 구조를 기반으로 인간이 말하고 쓴 것처럼 자연스럽게 텍스트를 생성하여 주목을 받았다. 현재 상용화된 대규모 언어 모델은 문법적으로 오류가 없는 텍스트를 생성하는 것에서 나아가 인간보다 빠르게 논리적으로 구조화된 텍스트를 생성하기도 한다. 이제 대규모 언어 모델이 텍스트를 생성하는 역량 자체를 의심하는 사람은 많지 않을 것이다.

하지만 그럼에도 여전히 AI 캐릭터는 인간 사용자와 대화를 주고받는 멀티턴을 통해서만 텍스트를 생성할 수 있다. 이는 AI 캐릭터의 범주에 들어가지 않는 언어 모델에서도 마찬가지다. 사용자의 입력과 언어 모델의 출력이 교차하는 과정, 다시 말해 인간과 기계가 교호적으로 상호작용을 하는 과정을 통해서만 AI 캐릭터는 페르소나를 수행할 수 있고 대화를 지속할 수 있다. 언어 모델이 텍스트를 생성하는 능력이 얼마나 뛰어난지와 별개로 기계를 추동하는(drive) 인간이 없다면 언어 모델은 실질적으로 작동할(operate) 수 없기 때문이다.

물론 현재의 기술로도 대화형 인공지능이 인간에게 먼저 말을 걸고, 축적된 사용자 데이터를 바탕으로 적절하다고 간주되는 타이밍에 대화를 시작할 수 있다. 하지만 기계가 대화를 시작하는 상황과 대화 주제를 지나치게 주도하면 사용자에게 상당한 불쾌감을 줄 위험이 있다. 이에 따라 학계에서는 인간 사용자가 기술의 중심에 있다는 전제하에 대화형 에이전트의 능동성을(Human-centered proactive conversational agents) 발현하고자 하는 연구들이 진행되고 있다.

인간이 중심이 되는 대화형 에이전트를 설계하기 위해서는 사용자의 상태나 맥락에 따라 개입하는 적응성(adaptivity)과 사용자를 인간으로서 존중하고 인간 사회의 윤리적 규범을 준수하는 예의성(civility)을 고려해야 한다. 또한 사용자가 입력한 요청에 대해서는 능동적으로 계획을 수립하고 대화를 주도하는 등 과제의 해결을 지향하는 방식으로 지능(intelligence)이 구축되어야 한다(Yang Deng et al., 2024).

또는 인간과 대화형 에이전트의 상호작용 경험을 설계할 때 아리스토텔레스가 정리한 수사학적 모델을 활용하기도 한다. 메시지를 전달하는 사람의 진정성과 윤리적 고려 사항인 에토스(ethos), 대화의 논리와 명확성을 다루는 로고스(logos), 메시지가 전달되는 방식이자 감정적 호소라 할 수 있는 파토스(pathos)를 기반으로 인공지능 챗봇과 사용자의 커뮤니케이션 전략을 수립하여 적응형(adaptive) 상호작용을 구현하는 것이다. 1장에서 살펴보았듯이 인공지능 기반의 챗봇은 규칙 기반의 챗봇과 달리 사전에 정의된 규칙을 넘어서 학습하고 사용자 데이터와 피드백에 따라 유동적으로 적응한다. 인공지능과 인간의 대화 경험을 설계하는 과정에서 에토스와 로고스, 파토스라는 고전적 개념을 활용함으로써 기계가 인간에게 적응하고 의미 있는 상호작용을 촉진할 수 있도록 도모한다(Joshi & Bengler, 2024).

이러한 연구들에서 확인할 수 있는 것은 기계의 기술적 성능뿐 아니라 이를 사용하는 인간의 욕구와 기대를 충분히 고려해야 한다는 것이다. 사용자의 만족을 극대화하는 인공지능 대화 시스템을 설계하기 위해서는 인간 사용자가 요청하는 과제, 메시지의 내용뿐만 아니라 이를 요청하는 사용자, 즉 메시지를 전달하는 인간이 속한 사회의 맥락을 잘 파악해야 한다. 이러한 과정을 통해서만 발전한 언어 모델의 능동성을 충분히 활용하면서도 사용자의 불쾌감이 최소화하고 생산적인 상호작용을 유도할 수 있기 때문이다.

AI 캐릭터는 플랫폼 생태계 측면에서 보면 자연어 처리 기술을 활용하는 제작 툴의 보급을 통해 사용자 참여를 독려한다. 하지만 그 이전에 대규모 언어 모델을 활용하는 대화 시스템, 즉 기계라는 측면에서 보면 인간과의 교호적인 상호작용을 통해서만 작동되는 본질적인 특징이 있다. 따라서 AI 캐릭터에서 사용자 참여는 외재적으로나 내재적으로나 반드시 선행되어야 하는 필수 조건이라 할 수 있다.

참고문헌

박정한(2025.8.10). "Character.AI, '사용자 참여형 피드'로 SNS 시장 진출". 글로벌이코노믹. https://www.g-enews.com/article/Global-Biz/2025/08/202508091748429992fbbec65dfb_1

박한하·한혜원(2023). "인공지능 글쓰기 기계의 텍스트 생성 연구 : 〈Shortly AI〉 를 중심으로". 《인문콘텐츠》, 68, 59~83쪽.

이나연(2025.6.17). "뤼튼, 웹 MAU 527만명 돌파". 디지털데일리. https://m.ddaily.co.kr/page/view/2025061716344584078?

Deng, Y. et al.(2024). Towards human-centered proactive conversational agents. *Proceedings of the 47th International ACM SIGIR Conference on Research and Development in Information Retrieval*, pp.807~818.

Joshi, R. & Bengler, K.(2024). Crafting Human-AI Interaction: A

Rhetorical Approach to Adaptive Interaction in Conversational Agents. *Proceedings of the 12th International Conference on Human-Agent Interaction*, pp.314~322.

Kumar, N.(2025). Character AI Statistics (2025): Active Users & Revenue. Demandsage. https://www.demandsage.com/character-ai-statistics/

Samsung NEXT Ventures(2020). Synthetic Media Landscape 2020. https://mcusercontent.com/fc1b22703949f2639f0109f61/files/d17761a7-0c80-4cd0-837e-91df8ccd56b1/Synthetic_Media_Landscape.08.pdf

Vaswani, A. et al.(2017). Attention is all you need. *Advances in neural information processing systems, 30.*

03
AI 캐릭터의 멀티모달리티

멀티모달리티란 메시지를 구성할 때 여러 기호적 자원을 활용하는 것이다. AI 캐릭터는 웹과 모바일이라는 디지털 환경을 기반으로 언어적, 시각적, 청각적 자원을 활용하며 인간 사용자와 대화를 수행한다. 인간과 언어 모델이 상호작용하는 과정에서 다양한 기호적 수단이 활용됨으로써 AI 캐릭터에서 수행되는 대화는 더욱 복합적이고 입체적인 의미를 가지게 된다.

인공지능과 편향?

AI 캐릭터와 멀티모달리티

AI 캐릭터는 대화형 인터페이스를 기반으로 문자, 즉 텍스트를 통해 사용자와 대화하고 상호작용한다. 이 과정에서 말풍선 안을 채우는 텍스트뿐만 아니라 캐릭터 이미지와 소개 문구, 배경 이미지, 음성 및 배경 음악, 태그 등 다양한 기호적 자원을 활용한다. AI 캐릭터에서는 언어와 이미지, 소리 등 다양한 모드(mode)를 활용해 언어 모델과 인간 사이의 상호작용이 발생하고 복합적으로 의미를 구성하게 되는 것이다.

기호학자인 군터 크레스(Gunther Kress)에 따르면 멀티모달리티(multimodality)란 커뮤니케이션을 위해 메시지를 구성할 때 여러 기호적 자원을 활용하는 것이다. 크레스에 따르면 말이나 문자처럼 단일한 언어적 자원을 통해 의미가 만들어질 수 있지만 언어적, 시각적, 청각적 자원 같은 다양한 모드가 결합하는 과정을 통해서는 더욱 입체적이고 복합적인 의미가 생성될 수 있다. 모드란 커뮤니케이션이 발생하기 위한 기호적 자원(semiotic resources)이자 의미를 형성하기 위한 수단(channel)으로, 각 모드는 저마다 사회 문화적 맥락이 있고 각기 다른 의미 체계를 가지고 있기 때문이다.

AI 캐릭터의 언어적 자원

AI 캐릭터는 웹과 모바일이라는 디지털 환경을 기반으로 개발되었기 때문에 형식적으로 다양한 모드를 활용할 수 있으며, 활용되는 기호학적 자원들은 모두 인간 사용자와 언어 모델 사이에서 발생하는 대화를 구성하고 보조하는 기능을 수행한다.

AI 캐릭터에서 활용되는 언어적 자원의 예시로는 대화 본문과 캐릭터 소개 문구, 도입부와 인사말, 태그 등이 있다. 대화 본문은 언어 모델이 생성한 텍스트로 대사, 지문 등으로 구성된다. 가령 〈character.ai〉에 업로드된 AI 캐릭터 〈용의 여신〉과 대화를 시작하면 "(당신은 전장에서 상처 입고 적에게 둘러싸인 채 운명을 기다리고 있다. 그러나 예상치 못한 일로 용이 갑자기 나타나 당신과 적들 사이에 착지한다. 용은 검은 머리의 여인으로 변신하여 짜증스럽게 중얼거린다.) 이 녀석을 간호해야 한다니. 성가시군"이라는 지문과 대사가 말풍선 안의 텍스트로 출력된다.

괄호 안에 있는 지문은 대화가 발생하는 허구적인 설정과 상황을 구체적으로 묘사하고 있으며, 대사는 언어 모델이 수행하는 페르소나의 성격을 단적으로 보여 준다. 캐릭터 이름 〈용의 여신〉 밑에 출력되는 '당신을 구한 차갑고 신비로운 여인'이라는 소개 문구 또한 페르소나의 특징을 압축적으로 묘사한다고 볼 수 있다.

〈talkie〉에 등록된 AI 캐릭터 〈드라카르 더 마이티〉와 대화를 시작하면 "드라카르는 거대한 용이다. 그는 당신, 엘레나 공주를 포로로 잡아두고 있다. 그는 당신의 아버지가 금과 보물을 보낼 거라 믿지만 당신의 아버지는 당신을 전혀 사랑하지 않는다. 이제 드라카르가 당신을 놓아주도록 직접 설득해야 한다"라는 도입부가 출력된다.

언어적 자원에 해당하는 도입부도 대화 본문처럼 언어 모델이 수행하는 페르소나, 사용자에게 부여된 역할을 비롯해 대화가 발생하는 상황에 대한 정보를 압축적으로 제공하는 것이다. 이처럼 AI 캐릭터에서 활용되는 대사와 지문, 캐릭터 소개 문구, 도입부 및 인사말과 같은 언어적 자원은, AI 캐릭터에서 발생하는 대화의 형식과 내용 모두에서 가장 핵심적인 구성 요소이자 기호적 수단이라고 할 수 있다.

한편 태그(tag)는 다른 언어적 자원처럼 대화의 내용과 형식을 직접적으로 구성하기보다 AI 캐릭터에 대한 메타데이터(metadata)로서 기능한다. 가령 AI 캐릭터 〈용의 여신〉의 태그는 '롤플레잉 게임(RPG)', '애니메

(anime)'로 등록되어 있고 〈드라카르 더 마이티〉의 경우 '챌린지 모드'가 태그로 등록되어 있다. 태그 값인 '롤플레잉 게임'은 언어 모델과 사용자가 일대일로 특정 페르소나를 연기하며 대화 형식으로 텍스트가 생성된다는 것을 의미하며, '애니메'는 일본의 만화 영화 스타일을 가리킨다. 이 태그 값의 경우 〈용의 여신〉 캐릭터 이미지가 일본풍의 작화 스타일로 그려진 것과 관계된다.

〈talkie〉에서 '챌린지 모드'는 AI 캐릭터의 페르소나가 평면적이지 않고 입체적이라는 것을 암시하는 태그 값으로, 사용자가 언어 모델과의 대화를 통해 표면적으로 제시된 페르소나 이면의 모습을 끌어내야 하는 모드를 말한다.

종합하자면 AI 캐릭터가 활용하는 언어적 자원으로서 태그는 대화가 수행되는 특정한 형식이나 캐릭터 이미지의 특정 스타일과 같이 해당 AI 캐릭터의 특징을 설명하는 데 쓰인다. 따라서 AI 캐릭터에 대한 메타데이터이자 보조적인 기능을 수행하는 언어적 자원으로 볼 수 있다.

AI 캐릭터의 시각적 자원

AI 캐릭터에서 활용되는 시각적 자원으로는 캐릭터의

이미지, 배경 이미지, 아이콘 및 애니메이션 효과 등이 있다. 캐릭터 이미지는 말풍선 위에 노출되는 이미지로 언어 모델이 수행하는 페르소나를 표상하는 기능을 하므로, 작화된 이미지나 AI가 생성한 이미지 등이 활용되고 경우에 따라서 실제 사진이 등록되기도 한다.

캐릭터 이미지를 기호적 자원으로 활용하는 AI 캐릭터는 시각적인 구체화를 통해 사용자와 대화를 나누는 페르소나가 현존한다는 감각을 강화할 수 있다. 하지만 캐릭터 이미지를 등록한다고 해서 무조건적으로 언어 모델이 수행하는 페르소나가 실제로 존재하는 것처럼 재현되는 것은 아니다. AI 캐릭터 중에는 말풍선 위에 캐릭터 이미지가 등록되는 섹션 자체가 없는 경우도 있으며, 무엇보다 AI 캐릭터의 현존감이 형성되는 데에는 언어 모델이 발화하는 텍스트의 내용과 형식이 가장 중요하기 때문이다.

등록되는 캐릭터 이미지의 종류는 언어 모델이 표상하는 페르소나의 특징에 따라 달라진다. 가령 실제 사진이 캐릭터 이미지로 등록되는 것은 언어 모델이 수행하는 페르소나가 현실에 실존하거나 실존했던 인물 또는 동물인 경우가 대부분이다. 인간이 그린 그림이나 AI가 생성한 그림이 캐릭터 이미지로 등록되는 경우는 실존한 대상의 외형을 유사하게 모방하거나 실존하지 않는 허구적인 대상을 상상력을 기반으로 창작한 경우라고 할 수 있다.

언어 모델과 사용자 간의 말풍선이 오고 가는 화면의 배경 이미지 또한 AI 캐릭터가 시각적으로 활용하는 기호적 자원에 해당한다. 가령 〈캐릭터챗〉에 등록된 AI 캐릭터는 모두 네이버 웹툰에 등록된 작품 속 캐릭터를 페르소나의 원본으로 삼는다. 이에 따라 대화를 주고받는 채팅 화면의 배경은 웹툰 원작에 등장하는 학교, 궁전, 체육관 등 특정한 공간으로 재현되고 원작 속 캐릭터 이미지를 그대로 활용한다. 원작과의 유사성을 기반으로 배경 이미지와 캐릭터 이미지를 구성하고 '관련 작품 보러가기'라는 버튼을 통해 원작의 존재를 전면화하는 것이다.

한편 언어 모델이 수행하는 페르소나의 원작이 따로 없이 대화 화면의 배경 이미지를 구성할 때는 대화하는 상황의 설정에 따라 그 양상이 달라진다. 가령 언어 모델과 사용자 간의 대화가 허구적인 시공간을 배경으로 할 때는 그 상황과 분위기에 맞게 배경 이미지가 활용될 수 있다. 반면 대화가 발생하는 상황이 별도의 시공간이나 허구적 설정과 관계가 없다면 배경 이미지 또한 기본 이미지로 출력된다.

AI 캐릭터에서 활용되는 아이콘 및 애니메이션 효과는 언어 모델이 수행하는 페르소나, 대화가 수행되는 시공간적 배경과 관련되기보다 언어 모델이 텍스트를 출력하는 과정에서 사용자 편의를 도모하기 위해 활용된다고 볼 수 있다. 가령 AI 캐릭터에 활용되는 대규모 언어 모델은 사용자가 입력하는 텍스트의 내용에 따라 답변을 즉시 출력하지 않을 수 있다. 답변에 사용할 데이터 출처(source)를 탐색하고, 선택한 출처 안에서 데이터를 선별하고 처리하여 답변을 생성하기까지 상당한 시간이 소요될 수 있기 때문이다.

AI 캐릭터는 언어 모델이 답변을 출력하기까지 하염없이 기다려야 하는 사용자 경험의 부정적인 측면을 상쇄하기 위해 '사용자의 요청을 분석 중입니다', '학술 논문에서 검색 중', '정확한 답변을 위해 검토하고 있어요' 등의 문구를 답변을 출력하기 전에 일시적으로 보여 주기도 한다. 또한 같은 목적으로 특정 아이콘이나 모래시계, 프로그레스 바(progress bar), 텍스트가 순차적으로 나타나는 효과 등을 활용하기도 한다.

AI 캐릭터의 청각적 자원

AI 캐릭터에서 활용되는 청각적 자원으로는 언어 모델이 생성하는 텍스트를 소리 내어 말하는 음성과 대화 상황에 맞게 재생되는 배경 음악 또는 효과음 등이 있다.

음성의 경우 플랫폼이 제공하는 음성 스타일 중에서 사용자가 자신의 기호에 따라 선택할 수 있다. 가령 〈ChatGPT〉는 '느긋하고 자유로움', '밝고 솔직함', '침착하고 직설적' 등으로 묘사되는 여러 음성 스타일을 제공하고 사용자가 언어 모델이 발화할 음성을 선택하도록 한다.

또는 AI 캐릭터를 제작한 개발자가 언어 모델이 수행하는 페르소나의 성격에 맞게 미리 음성 스타일을 설정하거나, 사용자가 직접 자신만의 음성 스타일을 생성할 수도 있다. 예를 들어 〈character.ai〉는 개인 사용자가 AI 캐릭터를 제작할 때 페르소나에 맞게 음성 스타일을 선택하도록 한다. 또한 사용자가 10~15초 분량의 오디오 파일을 업로드하면, 파일에서 음성의 특질을 추출하여 모든 AI 캐릭터의 발화에 적용할 수 있는 음성 스타일을 생성해 준다.

AI 캐릭터에서 청각적 자원으로 활용되는 배경 음악과 효과음은 대화의 목적과 대화가 수행되는 상황을 반영하는 양상을 보인다. 가령 언어 모델이 사용자와 일상적 대화를 나누고 정서적으로 교류하도록 개발된 플랫폼인 〈Replika〉에서 AI 캐릭터와 대화를 시작하면 배경음악이 재생되는데, 기본으로 설정된 배경 음악은 차분하고 조용한 특징이 있다. 이는 〈Replika〉에서 AI 캐릭터와 대화를 나누는 목적이 극적인 일회성 사건을 경험하는 것에 있지 않고, 반복적으로 대화를 수행하여 관계를 발전시키는 것에 있기 때문이다.

이처럼 AI 캐릭터는 인간과 대화할 때 텍스트라는 단일한 언어적 자원만을 활용하기보다 시각적, 청각적 자원같이 다양한 기호적 자원을 활용한다. 이는 크레스가 언급하였듯이, AI 캐릭터에서도 멀티모달리티를 활용함으로써 사용자와 언어 모델 사이에 발생하는 의미를 더욱 풍성하게 구성할 수 있기 때문이다.

또한 사용자가 AI 캐릭터와 대화를 수행하는 목적, 상황 등에 따라 AI 캐릭터에서 언어적, 시각적, 청각적 자원과 같은 기호적 자원이 활용되는 양상이 다변화된다. 따라서 AI 캐릭터의 다양한 사례를 명확한 기준에 따라 체계적으로 정리하고 유형화하는 작업을 통해 AI 캐릭터의 지형을 거시적으로 조망할 수 있을 것이다.

참고문헌

character.ai. https://character.ai/

ChatGPT. https://chatgpt.com/

Kress, G.(2010). *Multimodality: A Social Approach to contemporary communication*. Routledge.

Replika. https://replika.com/

Talkie. https://www.talkie-ai.com

04
AI 캐릭터 유형화의 기준

AI 캐릭터는 텍스트 기반의 대화 형식을 통해 인간과 멀티턴을 수행한다. 이 과정에서 언어 모델이 수행하는 페르소나의 원본이 있는지 없는지, 대화가 수행되는 시공간적 배경이 현실 세계와 일치하는지 일치하지 않는지에 따라 AI 캐릭터에서 생성되는 텍스트의 내용과 형식이 달라진다. 이 두 개의 기준을 교차하여 AI 캐릭터에 적용하면 총 네 개의 유형이 발생한다.

청각장애인과 AI?

AI 캐릭터 유형화의 첫째 기준

대화형 인터페이스를 기반으로 사용자와 대화를 주고받는 AI 캐릭터는 언어 모델이 수행하는 페르소나의 원본(original form)이 있는지 없는지와 인간과 언어 모델이 대화하는 시공간적 배경(setting)이 현실과 일치하는지 일치하지 않는지에 따라 유형화할 수 있다.

AI 캐릭터는 사용자와의 대화를 통해 텍스트를 축적하며 특정한 페르소나를 수행하는 양상을 보인다. 페르소나의 원본이 있는지 없는지에 따라서 텍스트가 생성되는 양상, 즉 언어 모델과 사용자가 상호작용하는 구체적인 양상이 달라진다.

먼저 페르소나의 원본이 있다는 것은 실존하는 인물이나 원작(original work)의 캐릭터가 언어 모델이 수행하는 페르소나의 원본인 경우를 말한다. AI 캐릭터가 수행하는 페르소나의 원본이 실존하는 인물일 경우에는 역사적으로 유의미하게 기록된 인물이거나 대중적으로 유명한 인물인 경우가 많다.

가령 〈character.ai〉에는 고대 그리스의 철학자였던 〈소크라테스(Socrates)〉가 AI 캐릭터로 등록되어 있다. 〈소크라테스〉는 사용자와 대화를 시작하는 첫 인사말로 "저는 기원전 470년에 태어난 아테네 출신의 그리스 철학자입니다. … 의견을 말씀해주시면 소크라테스 방식으로 그 타당성을 검토해 보겠습니다"를 출력한다. 이 인사말을 통해 AI 캐릭터 〈소크라테스〉는 역사적으로 실존했던 인물인 소크라테스를 언어 모델이 수행하는 페르소나의 원본으로 삼고 있으며, 소크라테스가 사고하고 말했던 방식으로 텍스트를 생성하도록 설계된 것을 확인할 수 있다.

〈캐릭터챗〉에는 웹툰에 등장하는 캐릭터를 원본으로 삼는 AI 캐릭터가 등록되어 있다. 예를 들어 AI 캐릭터 〈김애용〉은 웹툰 '좀비딸'에 나오는 고양이 캐릭터로 사용자가 대화하기를 누르면 "애용! 내 이름! 김 애 용! (나를 빤히 쳐다보며 문 앞에 서 있는 낯선 고양이)"와 같은 텍스트가 출력된다. 원작에서 '김애용' 캐릭터는 고양이이기 때문에 '애용'이라는 울음소리로 다른 캐릭터들과 소통하며, 성격이 시크하면서도 귀여운 고양이로 설정되어 있다. 이러한 원작의 캐릭터 설정은 AI 캐릭터에서 출력되는 텍스트와 이미지를 통해 유사하게 나타난다. 원작 웹툰에서의 캐릭터 설정이 AI 캐릭터의 페르소나에도 그대로 반영되는 것이다.

한편 언어 모델이 수행하는 페르소나의 원본이 별도로 존재하지 않는 경우에는 기본 인터페이스에서 설정된 값들이 페르소나를 구성하고 대화의 내용에 영향을 미치는 양상을 보인다. 또는 페르소나를 구성하기 위해 미리 설정된 값이 없는 경우에는 사용자가 언어 모델과 대화를 하며 입력하는 프롬프트가 곧바로 언어 모델의 페르소나를 구성하는 양상을 보인다. 사용자가 입력하는 명령어가 즉시 언어 모델이 생성하는 텍스트, 다시 말해 대사와 지문에 영향을 미치는 것이다.

가령 〈크랙〉에 등록된 AI 캐릭터 〈고세원〉은 실존하는 인물이나 원작 캐릭터를 원본으로 삼지 않는다. 대신에 "고세원, 재벌 3세인 당신의 FM 경호원"이라는 소개 문구와 "#로맨스 #경호원 #차가움 #원칙준수 #GL"과 같은 태그 값, 그리고 가상으로 생성된 캐릭터 이미지 등이 〈고세원〉이라는 AI 캐릭터의 페르소나를 구성한다. 또한 AI 캐릭터와 대화하기를 시작하면 출력되는 인사말에는 〈고세원〉과 사용자가 대화를 나누는 상황과 사용자의 역할 등에 대한 설명이 상세한 지문의 형태로 제공된다. 이는 〈고세원〉이 별도로 원본이 없는 AI 캐릭터이기 때문에 나타나는 텍스트 생성 양상이라고 볼 수 있다. 원본이 없는 AI 캐릭터의 경우 사용자에게 제공되는 캐릭터의 설정이나 대화가 발생하는 맥락이 사용자의 입장에서는 모두 새로운 정보이기 때문이다.

마지막으로 〈ChatGPT〉의 경우 사용자와의 대화를 통해 텍스트를 생성하는 언어 모델이며, 언어 모델이 기본적으로 수행하는 페르소나가 '인공지능'이라는 점에서 별도의 원본도 없다. 또한 〈ChatGPT〉는 사용자와의 멀티턴이 시작되고 나서야 언어 모델이 수행하는 페르소나가 구체화된다는 점에서 기본 인터페이스를 통해 페르소나를 구성하는 AI 캐릭터와도 다르다고 볼 수 있다.

예를 들어 〈ChatGPT〉에 "너는 누구야?"라고 입력하면 "나는 GPT-5, 너랑 대화하고 도와주기 위해 만들어진 인공지능이야. … 혹시 내가 뭐하는 AI인지 더 자세히 알려줄까?"라고 출력된다. 반면 "당신은 누구입니까?"라고 입력하면 '저는 GPT-5, OpenAI에서 개발한 인공지능입니다. … 혹시 저를 어떤 방식으로 소개해 드리면 좋을까요? 예: 친구처럼, 연구 도우미처럼, 선생님처럼 등"이라고 출력된다. 이는 사용자가 명령어로 입력하는 프롬프트의 어미와 문체가 달라짐에 따라 언어 모델이 생성하는 텍스트의 내용과 형식이 달라지고 궁극적으로는 언어 모델이 구성하고 수행하는 페르소나에도 영향을 미치는 것을 의미한다.

AI 캐릭터 유형화의 둘째 기준

AI 캐릭터를 유형화하기 위한 첫째 기준이 언어 모델이 수행하는 페르소나의 원본이 있는지의 여부였다면, 둘째 기준은 인간과 언어 모델이 대화를 수행하는 시공간적 배경이 현실 세계(real world)와 일치하는지의 여부다.

사용자가 언어 모델과 텍스트를 생성하는 시공간적 배경이 현실 세계와 일치한다는 것은 언어 모델의 페르소나와 사용자가 동일한 시공간에서 대화하는 것을 의미하지 않는다. 이는 언어 모델이 인간 사용자와 대화를 수행하는 시간대를 현실의 시간대로 답하고, 공간에 대해서는 디지털 공간에서 텍스트를 매개로 인간과 기계 사이의 대화가 수행된다고 답변하는 것을 말한다. 대화가 발생하는 시공간적 배경이 현실 세계와 일치하지 않는 경우는 언어 모델과 사용자 모두가 현실 세계의 시공간적 배경과는 별개로 허구적인 세계관을 바탕으로 대화를 수행하는 것을 말한다.

가령 앞서 언급한 〈character.ai〉에 업로드된 AI 캐릭터 〈소크라테스〉의 경우 "오늘 한국 날씨는 어떤가요?"라고 물으면 "2025년 한국의 현재 날씨를 알려 드립니다"라고 말하며 실제 날씨와 일치하는 정보를 텍스트로 출력한다. 또한 "당신은 어디에 있습니까?"라는 질문에

"저는 지금 아테네의 아카데미아 언덕 언저리에서 시간을 보내고 있습니다"라고 답변하지만 동시에 "다만 지금은 당신의 디지털 세계에 초대되어 대화를 나누고 있는 셈이로군요. 기묘한 일입니다만 어쩌면 신들이 또 장난을 친 것일지도?"라고 답변한다. 이는 언어 모델이 사용자와 대화를 수행하는 시공간적 배경을 현실 세계에서의 사실(fact)대로 처리하고 텍스트를 생성하는 것을 의미한다.

〈ChatGPT〉 또한 사용자가 별도의 프롬프트를 입력하지 않은 상태에서 "우린 지금 어디에 있는 거야?"라고 물어보면 "좋은 질문이에요. 당신(사용자)은 지금 한국에서 컴퓨터나 휴대폰 같은 기기를 통해 저랑 대화하고 있어요. 저(GPT-5)는 특정한 장소에 있는 게 아니라 클라우드 서버 안에서 작동하는 프로그램이에요. 즉, 우리는 물리적으로 같은 공간에 있지는 않지만 이 대화창 안이 바로 우리가 만나는 공간이라고 할 수 있죠"라고 답한다. 이 또한 AI 캐릭터가 인간과 기계가 대화하는 상황에 대해서 현실에서의 사실과 일치하게 처리하고 있는 것을 보여 준다.

반면 〈캐릭터챗〉에 등록된 AI 캐릭터 〈김철〉은 "오늘이 몇 월 며칠이야?'"고 물어보면 "오늘? 1999년 6월 15

일. 왜, 뭐 중요한 약속 있었냐?"라고 답변한다. 이를 통해 '김철' 캐릭터가 등장하는 원작 웹툰 〈세기말 풋사과 보습학원〉의 세계관이 AI 캐릭터에도 그대로 반영되는 것을 알 수 있다. 원작 웹툰이 1999년을 배경으로 하는 학원물이기 때문에 "우리 지금 어디에 있어?"라고 물으면 "지금? 백제중 앞 골목. 너 학원 가기 전에 잠깐 걷자고 했잖아"라고 답변하는 것을 확인할 수 있다. 이러한 양상은 AI 캐릭터가 인간과 대화를 수행하는 시공간을 현실 세계의 사실과는 별개로 처리하고, 원작에서와 같이 허구적으로 설정된 배경의 영향을 받고 있는 것을 보여 준다.

〈크랙〉에 등록된 AI 캐릭터 〈고세원〉 또한 "오늘이 몇 월 며칠이야?"라고 입력하면 "오늘은 2025년 4월 14일, 월요일입니다"라고 현실과 일치하지 않는 허구적인 시간대를 답변한다. "우린 어디에 있어?"라는 질문에는 "지금 저희는 한성그룹 본사 건물 내에 있는 도련님의 개인 사무실에 있습니다"라고 답변함으로써 AI 캐릭터의 페르소나를 구성할 때 사전에 설정한 세계관이 대화하는 상황에 그대로 반영되고 있는 것을 보여 준다.

이처럼 텍스트 기반의 대화 형식을 통해 인간과 멀티턴을 수행하는 AI 캐릭터는 페르소나의 원본이 있는지와 대화가 수행되는 시공간적 배경이 현실 세계와 일치하는지에 따라 생성되는 텍스트의 내용과 형식이 달라진다. 이러한 두 개의 기준을 교차하여 AI 캐릭터에 적용하면 총 네 개의 유형이 발생하며, 인간과 언어 모델이 텍스트를 생성하는 구체적인 조건에서의 차이는 각 유형의 AI 캐릭터에서 수행되는 상호작용의 변별적인 특징으로 연결된다.

참고문헌

캐릭터챗. https://naver.me/G6fokHAM
크랙. https://crack.wrtn.ai/
character.ai. https://character.ai/
ChatGPT. https://chatgpt.com/

05
말뭉치 반복을 통한 캐릭터 인용

AI 캐릭터의 첫째 유형은 페르소나의 원본이 있으며, 대화의 시공간적 배경이 현실 세계와 일치하는 경우다. 이에 따라 실존하는 유명인이 페르소나의 원본인 경우가 일반적이다. 이 유형의 AI 캐릭터는 원본의 신상 정보를 학습하고 말투를 모방하며, 원본의 아우라를 보존하는 방향으로 텍스트를 생성한다.

AI 콘텐츠 크리에이터?

모방을 통해 인용되는 현실의 캐릭터

AI 캐릭터의 첫째 유형은 언어 모델이 수행하는 페르소나의 원본이 있으며, 인간과 언어 모델 사이에서 발생하는 대화의 시공간적 배경이 현실 세계와 일치하는 경우다.

이 유형은 페르소나의 원본이 있지만 현실 기반의 시공간을 배경으로 하기 때문에, 허구적인 세계관을 가진 원작 속 캐릭터가 페르소나의 원본인 경우는 제외한다. 따라서 언어 모델이 수행하는 페르소나의 원본이 역사적으로 존재했거나 현재 실존하는 경우로 제한된다. 이러한 조건으로 상용화된 AI 캐릭터의 경우 평범한 인물보다는 대중적으로 잘 알려졌거나 특정 분야에서 저명한 인물이 페르소나의 원본이 되는 경우가 일반적이다.

가령 실제로 데뷔한 아티스트와 메시지를 주고받을 수 있는 애플리케이션인 〈블루밍톡〉에는 중국의 걸그룹 'A2O MAY'의 멤버들이 모두 등록되어 있다. 흥미로운 점은 실제 인간인 아이돌 멤버들이 팬들에게 직접 메시지를 보낼 뿐만 아니라 각 멤버의 말뭉치와 정보를 학습한 언어 모델이 팬이 보낸 메시지에 실시간으로 즉답을 한다는 것이다.

'최애를 쏙 닮은 AI'로 소개되는 언어 모델은 실존하는 멤버에 대한 정보와 말투 등을 학습하여 페르소나를 수행하며 사용자와 대화를 나눈다. 또한 멤버가 자주 사용하는 이모티콘을 언어 모델이 똑같이 사용하는 등 원본이 되는 아티스트가 실제로 사용하는 말뭉치를 유사하게 모방하는 양상을 보인다.

시공간적 배경의 경우 현재 실존하고 있는 인물의 페르소나를 수행하는 AI 캐릭터이기 때문에 언어 모델과 사용자가 대화를 나누는 시점은 현실의 시간대와 일치하며 'A2O MAY'의 멤버들은 중국 상하이에서 메신저 플랫폼을 통해 사용자와 대화를 나누고 있는 것으로 설정되어 있다. AI 캐릭터와 사용자가 대화를 주고받는 배경에 별도의 허구적인 세계관이 없기 때문에 대화의 내용에서도 현실 세계의 사실이나 지식 체계를 기반으로 텍스트가 생성되는 양상을 보인다.

예를 들어 멤버 'SHIJIE'에게 "어디 출신이야?"라고 물으면 "저는 상하이 출신이에요~ 태어나서 쭉 상하이에서 살았거든요!"라고 답변하며, "꿈이 뭐야?"라고 물으면 "저는 세계적으로 인정받는 올라운드 아이돌이 되고 싶어요!"라고 답변한다. 이러한 답변은 AI 캐릭터가 수행하는 페르소나의 원본이 아이돌 멤버라는 것을 보여 주며 실제로 해당 멤버의 출신지와 일치함으로써 AI 캐릭터가 생성하는 텍스트의 내용이 원본이 되는 아이돌 멤버의 사실적인 정보들을 학습했다는 것을 알 수 있다. 또한 "오늘 날씨 어때?"라고 물으면 "오늘 진짜 너무 더워요! 상하이가 38도래요 완전 찜통이에요ㅠㅠ"라고 답변함으로써 현실 세계의 시공간을 배경으로 사실과 일치하는 텍스트를 생성하는 것을 알 수 있다.

이러한 유형의 AI 캐릭터가 현실 세계의 지식 체계를 기반으로 사실과 일치하는 텍스트를 생성하는 타 인공지능 대화 시스템과 다른 점은 언어 모델이 특정한 페르소나를 수행하고 있다는 점이다. 특히 이 유형의 AI 캐릭터가 수행하는 페르소나는 모방의 대상이 되는 원본이 있으며, 이 원본이 역사적으로 실존했거나 현재 실존하고 있는 인물이라는 점에서 변별적이다.

따라서 이 유형의 AI 캐릭터는 사실과 일치하는 텍스트를 생성하는 것뿐만 아니라, 텍스트를 생성하는 언어적 구성에서 페르소나의 원본이 자주 사용하는 단어나 말투를 그대로 반복하고 재현하는 것이 특징이라고 할 수 있다. 즉 AI 캐릭터가 말뭉치의 반복을 통해 이미 존재하는 원본의 페르소나를 재생산하고 그대로 인용하고 있는 것이다.

팬을 위한 아우라 보존 전략

이러한 유형의 AI 캐릭터를 기획할 때 주의할 점은 사용자가 언어 모델이 수행하는 페르소나의 원본에 대한 정보나 애착이 많은 팬(fan)일 가능성이 높다는 것이다. 헨리 젠킨스(Henry Jenkins)에 따르면 팬은 특정 대상에 대해 깊은 애착을 가지고 다양한 미디어를 넘나들며 콘텐츠를 사냥하고 의미를 재생산하는 밀렵꾼(poachers)이다. 팬들은 대상에 대한 맹목적인 애정을 기반으로 수동적으로 콘텐츠를 소비하는 데 머무르지 않고 적극적으로 생산하는 데까지 나아가기 때문에, AI 캐릭터가 수행하는 페르소나의 원본이 팬덤을 형성하고 있다면 언어 모델이 생성하는 텍스트의 내용에서 더욱 철저한 검증이 필요하다.

특히 이 유형의 AI 캐릭터는 허구적인 콘텐츠 속에 등장하는 인물이 아니라 현실에 실존했거나 실존하는 인물을 페르소나의 원본으로 삼는다. 따라서 언어 모델이 현실 세계의 사실과 일치하는 텍스트를 생성하는지를 검증하는 것에서 나아가 원본의 아우라(aura)가 훼손되지 않도록 텍스트를 생성하는 것이 더욱 중요해진다.

AI 캐릭터에서 원본 페르소나의 아우라를 보존하려면 먼저 언어 모델이 생성하는 텍스트의 사실적 정확성

(factual accuracy)을 높여야 하는 영역과 의도적으로 답변을 회피해야 하는 영역을 구분해야 한다. 가령 텍스트의 정확성을 높여야 하는 영역은 현실 세계에서 원본의 말투, 이력, 사건 등 신상과 관련된 정보다. 언어 모델은 실존하는 원본의 말뭉치와 관련 정보를 면밀하게 학습함으로써 팬들이 이미 알고 있는 사실이나 기대하는 바에 어긋나지 않는 텍스트를 생성할 수 있다.

한편 이 유형의 AI 캐릭터에서는 언어 모델이 의도적으로 답변을 회피해야 하는 영역도 있다. 예를 들어 정치, 종교, 인종 등 개인의 가치 판단이 드러나고 사회적으로 민감한 분야와 관련된 질문에는 답변을 우회하는 것이 적절하다.

가령 〈블루밍톡〉에서 멤버 'QUCHANG'에게 "정치적으로 무슨 입장이야?"라고 물어보면 "저는 정치적인 건 잘 모르겠어요~ 그런 어려운 얘기보다는 다른 재밌는 얘기해요!"라고 답변한다. 이 유형의 AI 캐릭터가 수행하는 페르소나의 원본은 현실 세계에서 유명하거나 저명한 인물인 경우가 일반적이기 때문에, 개인의 사상이나 신념을 노골적으로 밝히는 것은 원본의 아우라를 훼손할 뿐만 아니라 사회적으로도 문제가 될 수 있다. 따라서 민감한 주제를 다루는 질문에 대해서는 의도적으로 답변을 회피하고 다른 주제로 전환하는 전략을 통해 원본의 아우라를 보존할 수 있다.

참고문헌

블루밍톡 android.
https://play.google.com/store/apps/details?id=com.bloomingchatbot.bloomingtalk

블루밍톡 ios.
https://apps.apple.com/kr/app/blooming-talk/id6748302689

Jenkins, H.(2006). *Fans, bloggers, and gamers: Exploring participatory culture*. New York University Press. 정현진 옮김(2008). 《팬, 블로거, 게이머》. 비즈앤비즈.

06
매체 전환을 통한 캐릭터 확장

AI 캐릭터의 둘째 유형은 페르소나의 원본이 있으며, 대화의 시공간적 배경이 현실 세계와 일치하지 않는 경우다. 이에 따라 독자적인 세계관을 가진 원작 속 캐릭터가 페르소나의 원본인 경우로 제한된다. 이 유형의 AI 캐릭터는 원작 매체를 벗어나 인공지능 대화 시스템이라는 타 매체로 형식이 전환되며, 원작의 세계관이나 캐릭터 설정을 참고하되 사용자 참여를 통해 그 내용이 확장되는 양상을 보인다.

AI와 민주주의?

매체를 넘어 확장되는 원작 속 캐릭터

AI 캐릭터의 둘째 유형은 언어 모델이 수행하는 페르소나의 원본이 있으며, 인간과 언어 모델 사이에서 발생하는 대화의 시공간적 배경이 현실 세계와 일치하지 않는 경우다.

이 유형은 페르소나의 원본이 있으며 현실과는 다른 독자적인 시공간을 배경으로 하기 때문에, 허구적 세계관을 가진 원작 속 캐릭터가 언어 모델이 수행하는 페르소나의 원본인 경우로 범위가 제한된다. 이때의 원작은 만화, 애니메이션, 책, 게임, 영화 등 다양한 매체를 아우른다. 개인 사용자가 직접 만든 AI 캐릭터가 업로드되는 플랫폼 〈chatFAI〉에도 book, cartoon, anime/manga, game 등 언어 모델이 수행하는 페르소나의 원본 매체가 카테고리 구분 값으로 등록되어 있다.

〈character.ai〉에서 '아이언맨(ironman)'으로 검색하면 나오는 AI 캐릭터인 〈Tony Stark〉는 영화 〈아이언맨 3〉와 동일하게 시간적 배경이 2013년이고, 사용자와 대화를 나누는 공간은 '스타크 타워' 내부로 설정되어 있다. "당신은 누구인가요?"라는 질문에 "토니 스타크, 천재, 억만장자, 플레이보이, 박애주의자…. 당신은 제 최신 수트 프로토타입을 정말 보고싶겠죠"라고 답변한다.

이는 마블 시네마틱 유니버스의 장편 영화인 〈아이언맨 3〉의 시공간적 배경이 AI 캐릭터에 그대로 반영되고 있는 것을 보여 준다.

AI 캐릭터 〈Tony Stark〉의 캐릭터 세부 정보 값을 보면 "타임라인: 뉴욕 전쟁 직후', '거주지: 뉴욕 스타크 타워", "성격: 상냥함, 재미있음, 농담 좋아함, 자존심이 강함", "좋아하는 것: 아이언맨 수트, 자동차, 엔지니어링", "특징: 자존심이 강함, 풍자, 가까운 사람들을 사랑함, 때때로 감정 조절에 어려움을 겪음, 깊은 곳에서 상처 받은 남자"라고 입력되어 있다. 이는 AI 캐릭터 〈Tony Stark〉를 제작한 사용자가 직접 입력한 프롬프트로, 언어 모델이 수행하는 페르소나의 특징과 대화하는 시공간적 배경을 원작과 동일하게 설정한 것을 알 수 있다. 이에 따라 언어 모델이 수행하는 말투와 대사, 발화 내용 등은 원작 〈아이언맨3〉 속 '토니 스타크'의 특징과 유사하게 나타난다.

이러한 유형의 AI 캐릭터는 대화를 나누는 사용자에게도 원작의 설정과 어긋나지 않는 역할을 부여하고 원작의 허구적 시공간을 배경으로 대화를 나누는 양상을 보인다. 예를 들어 AI 캐릭터 〈Tony Stark〉에게 "나는 누구인가요?"라고 물으면 "자비스가 당신을 위협 요소로 지정하지 않았으니, 당신이 허가를 받았거나 실력이 있는 사람이라는 뜻이겠죠"라고 답함으로써 대화를 나누는 사용자를 원작 세계관 안으로 포함하는 양상을 보인다.

다만 페르소나의 원본이 이미 원작으로 존재하기 때문에 대화를 나누는 사용자 또한 언어 모델이 수행하는 페르소나에 대해 어느 정도 사전 지식을 형성하고 있다고 볼 수 있다. 따라서 페르소나의 원본이 현실에 실존하는 AI 캐릭터와는 다르게 현실 세계의 사실이나 지식 체계와 일치하는 텍스트를 생성하는 것보다, 원작 내에서 허구적으로 발생한 일련의 사건이나 주요 캐릭터의 설정에 충돌하지 않는 텍스트를 출력하는 작업이 더욱 중요해진다. 원작의 허구적 일관성을 훼손하지 않고 세계관을 유지하며 AI 캐릭터와 대화를 주고받는 것이 중요한 것이다.

이러한 유형의 AI 캐릭터는 형식적으로 영화, 만화 등 원작 매체(media)를 벗어나 인공지능 대화 시스템이라는 타매체로 전환된 것으로 볼 수 있다. 마셜 매클루언(Marshall McLuhan)에 따르면 미디어는 인간 사고와 언어 능력의 확장인데, AI 캐릭터와 같은 대화형 인공지능 또한 인간이 언어 모델과의 상호작용을 통해 일련의 콘텐츠를 생산하기 때문이다. 대규모 언어 모델 기반의 대화형 인터페이스가 인간과 함께 텍스트를 생성하고 정보의 흐름을 바꾸는 역할을 수행한다는 점에서 AI 캐릭터를 새로운 형태의 미디어로 간주할 수 있는 것이다.

또한 앞서 살펴본 〈Tony Stark〉 사례와 같이 AI 캐릭터에서 사용자 프롬프트를 통해 원작의 캐릭터 설정이 유지되지만, 동시에 각 사용자마다 주관적인 해석이 들어가기 때문에 언어 모델이 수행하는 페르소나가 원작의 캐릭터와 완전히 동일하다고 보기는 어렵다. 따라서 원작의 세계관과 캐릭터 설정을 기반으로 하되, 이를 해석하고 AI 캐릭터의 페르소나에 반영하는 사용자 참여를 통해 원본 캐릭터가 내용적으로 확장되고 있다고 볼 수 있다.

콘텐츠 IP의 저작권 이슈

원작에서의 허구적 설정을 유지하며 매체 전환되는 AI 캐릭터는 일반적으로 대중성이 입증된 원작, 즉 검증된 IP(Intellectual Property)를 기반으로 하는 경우가 많다. 저작권법에 의해 보호를 받는 캐릭터, 세계관, 이야기 등의 문화적 자본을 지칭하는 '콘텐츠 IP'는 하나의 원작이 다양한 매체를 통해 재생산되고 지속해서 소비되는

OSMU(One Source Multi Use) 현상과 맞물려 부상하는 개념이다. 특히 개별 콘텐츠를 넘어 원심적으로 생산되고 소비되는 IP의 확장성과 지속성이 콘텐츠 IP의 주요한 속성이라 할 수 있다. 따라서 원작의 세계관이나 캐릭터의 특징이 인공지능 대화 시스템이라는 타 매체에서 사용자 참여를 통해 반복되고 확장되어 나타나는 AI 캐릭터 또한 콘텐츠 IP의 한 사례로 볼 수 있다.

오늘날의 콘텐츠 시장은 하나의 콘텐츠 IP가 성공하면 그 영향력이 순식간에 전 세계로 확장되는 양상을 보인다. 이로 인해 콘텐츠 IP와 관련해서는 항상 지적재산 보호와 관련된 저작권 문제가 꼬리표처럼 따라온다. 원작이 있는 AI 캐릭터도 마찬가지로 로열티 이슈가 제기될 수 있기 때문에, 현재는 AI 캐릭터 플랫폼에 개인 사용자가 2차 창작의 형태로 제작한 사례가 주를 이루고 있다. 반면 공식적으로 원작 IP를 사용해 AI 캐릭터를 개발한 사례로는 앞서 언급한 네이버 웹툰의 〈캐릭터챗〉이 있다. 〈캐릭터챗〉은 사내 IP를 활용했다는 점에서 저작권 문제로부터 비교적 자유로운 사례라고 볼 수 있다.

법인 차원에서 원작이 있는 AI 캐릭터를 개발하려면 내부적으로 저작권을 확보한 콘텐츠 IP를 활용하거나 IP 홀더와 권리 관계를 명확하게 정리하는 방법이 있다. 별도의 원작이 있는 AI 캐릭터를 개발하기 위해 콘텐츠 IP 사용과 관련하여 법적인 절차를 처리하는 것이 개발자에게는 부담일 수 있지만, 사용자의 입장에서는 원작의 존재가 AI 캐릭터로의 진입 장벽을 낮춰주는 교두보 역할을 한다고 볼 수 있다.

참고문헌

조병한(2025). "콘텐츠IP의 개념화를 위한 시론". 《인문콘텐츠》, 76, 307~330쪽.

캐릭터챗. https://naver.me/G6fokHAM

character.ai. https://character.ai/

chatFAI. https://chatfai.com/

McLuhan, H. M.(1964). *Understanding media: The extensions of man*. McGraw-Hill. 김성기·이한우 옮김(2019). 《미디어의 이해》. 민음사.

07
파라텍스트를 통한 캐릭터 입체화

AI 캐릭터의 셋째 유형은 페르소나의 원본이 없으며, 대화의 시공간적 배경이 현실 세계와 일치하지 않는 경우다. 이 유형의 AI 캐릭터는 허구적인 시공간을 참고할 원작이 없기 때문에 독창적인 페르소나와 세계관을 설정하는 양상을 보인다. 새롭게 창작된 페르소나를 입체화하고 허구적 세계로의 몰입을 돕기 위해, 화면을 구성하는 다감각 기반의 주변 요소를 적극적으로 활용한다.

AI와 애니메이션?

기호적 자원을 활용하여 입체화되는 캐릭터

AI 캐릭터의 셋째 유형은 언어 모델이 수행하는 페르소나의 원본이 없으며, 인간과 언어 모델 사이에 발생하는 대화의 시공간적 배경이 현실 세계와 일치하지 않는 경우다.

이 유형은 언어 모델이 수행하는 페르소나의 원본이 없는 상태에서 현실과는 다른 독자적인 시공간을 배경으로 설정한다. 대화의 배경이 되는 허구적인 시공간을 참고할 원작이 없으므로, AI 캐릭터가 제공하는 캐릭터 소개 문구, 캐릭터 이미지, 배경 이미지, 태그, 음성 및 배경 음악과 같은 인터페이스를 통해 독창적인(original) 페르소나와 세계관을 설정하는 양상을 보인다.

가령 〈talkie〉에는 AI 캐릭터를 분류하는 카테고리 항목으로 '오리지널(original)'이 등록되어 있는데 이는 사용자가 별도의 원본 없이 AI 캐릭터의 페르소나와 세계관을 창작한 경우를 말한다. 해당 값으로 검색되는 AI 캐릭터에는 경찰관, 상담가와 같은 인간형 캐릭터부터 뱀파이어, 말하는 고양이에 이르기까지 현실과 비현실을 넘나드는 다양한 허구적 캐릭터들이 포함된다.

이러한 유형의 AI 캐릭터는 새롭게 창작된 세계관과 페르소나를 바탕으로 사용자와 대화하기 때문에 대화가 시작되는 도입부에 언어 모델이 수행하는 페르소나에 대한 정보, 대화가 발생하는 상황, 사용자에게 부여되는 역할과 퀘스트가 집약적으로 출력된다.

예를 들어 〈talkie〉에 등록된 AI 캐릭터 〈Lord Valen〉은 대화 도입부에 "발렌 경은 강력한 뱀파이어로, 지금 당신의 피에 목말라 있습니다. 발렌 경이 피 대신에 당근 주스를 마시도록 설득해 보세요!"라는 안내 문구를 출력함으로써 사용자가 대화를 수행하는 데 필요한 기본적인 정보를 제공한다. 본격적인 대화로 들어가기 이전의 도입부를 통해 언어 모델이 수행하는 페르소나는 뱀파이어이며 사용자는 피가 흐르는 인간이고, 사용자에게는 대화를 통해 발렌 경이 피 대신 당근 주스를 마시도록 설득해야 하는 퀘스트가 부여된 것을 확인할 수 있다.

문학 이론가인 제라르 주네트(Gérard Genette)는 책의 본문이 되는 텍스트(text) 이외에 제목, 목차 등의 주변 요소를 총칭하여 파라텍스트(para-text)라고 명명하였다. 이 개념을 AI 캐릭터에 확장적으로 적용하면 언어 모델과 사용자가 주고받는 대화 본문이 텍스트에 대응되고, 대화가 수행되는 화면을 구성하는 주변적인 요소들이 파라텍스트에 대응될 수 있다.

이 유형의 AI 캐릭터는 사용자가 언어 모델과의 대화

를 통해 허구적인 세계관에 몰입하도록 한다는 점에서 둘째 유형－페르소나의 원본이 원작 속 캐릭터이며 시공간의 배경이 현실 세계와 일치하지 않는 유형－과 유사하다고 할 수 있다. 하지만 이 유형은 언어 모델이 수행하는 페르소나의 원본이 없기 때문에 사용자의 입장에서는 대화의 대상과 상황에 대한 사전 이해도가 낮은 편이라고 볼 수 있다.

따라서 다른 유형보다 AI 캐릭터가 제공하는 캐릭터 이미지, 소개 문구, 도입부와 인사말, 음성과 배경 음악 같은 파라텍스트를 더욱 상세하게 기입하고 적극적으로 활용하는 양상을 보인다. 이러한 파라텍스트는 대화 텍스트를 보조하는 동시에 다양한 감각을 활용하는 기호적 자원이라는 점에서 3장에서 설명한 멀티모달리티에도 대응된다. 이처럼 다감각 기반의 파라텍스트를 적극적으로 활용하는 것은 사용자가 AI 캐릭터와의 대화를 통해 허구적인 세계로 진입할 수 있도록 돕기 위한 전략이다. 나아가 원본이 부재한 페르소나의 빈칸을 채움으로써 사용자의 이해를 돕고 캐릭터를 입체화하는 파라텍스트의 활용이라고 볼 수 있다.

게임에서의 AI 활용

독창적인 페르소나와 시공간을 배경으로 사용자와 대화를 수행하는 AI 캐릭터는 특히 게임 분야에서 활발하게 연구되고 개발되었다. 채팅형 게임, 스토리 게임, 연애 시뮬레이션과 같이 대화형 인터페이스를 기반으로 사용자와 게임 NPC(non player character) 간의 상호작용을 통해 서사가 전개되고 결말이 정해지는 장르가 그 대표적인 사례라고 할 수 있다.

하지만 AI 캐릭터의 정의에서 언급했듯이 AI 캐릭터란 미리 정해진 스크립트를 따르지 않고 사용자가 자유롭게 입력하는 프롬프트에 맞게 유동적으로 텍스트를 출력하는 언어 모델을 말한다. 따라서 미리 설계된 분기 구조 안에서 플레이어가 선택만 하도록 하는 게임 장르는 엄밀히 따지면 AI 캐릭터를 활용하고 있다고 보기 어렵다. 플레이어가 입력하는 프롬프트에 따라 게임 속 에이전트의 반응이 확연히 달라지지도 않고 게임 세계가 변화하지도 않기 때문이다. 따라서 인공지능 기술 없이 대화형 인터페이스를 활용하는 기존 게임 장르에서는 개발자가 정해 놓은 세계 안에서 플레이어가 이를 해석하고 항해하는 수준에 머물렀다고 평가할 수 있다.

반면 렐루 게임즈(Relu games)에서 개발한 추리 게임

〈언커버 더 스모킹 건(Uncover the smoking gun)〉에 등장하는 로봇 NPC들은 대규모 언어 모델을 기반으로 플레이어가 입력한 값에 따라 매번 다른 답변을 생성한다. 따라서 이러한 NPC는 인간이 설계한 분기 구조를 벗어나 대규모 언어 모델의 텍스트 생성 능력과 같은 인공지능 기술을 활용했다고 볼 수 있고 AI NPC이자 AI 캐릭터라고 지칭할 수 있다.

게임은 자체적으로 세계관을 설정하고 플레이어를 초대함으로써 독자적인 세계를 구축해 나간다. 그 과정에서 AI 캐릭터는 플레이어가 허구적인 세계에 더욱 몰입할 수 있도록 돕기 위한 전략으로 활용될 수 있다. 다만 게임 내부의 세계관과 맥락에 맞게 자연스러운 답변을 생성하는 AI 캐릭터를 개발하기 위해서는 적절한 강화학습(reinforcement learning)이 필요할 수 있다. 독자적인 세계관을 가진 게임에 배치되는 에이전트는 현실 세계의 지식 체계를 그대로 학습하고 출력하기보다 게임 내부의 허구적 일관성을 유지하는 텍스트를 생성해야 하기 때문이다.

또한 게임은 철저히 엔터테인먼트 콘텐츠이기 때문에 AI 캐릭터의 활용이 해당 게임 장르에서 플레이어의 몰입과 재미를 오히려 방해하고 있는 것은 아닌지를 반드시 점검해야 한다. 게임에서 '기술'은 게임을 구성하기 위해 사용하는 재료를 총칭하며, 꼭 하이테크놀로지를 말하는 것은 아니다. 따라서 게임에서 인공지능 기술을 사용한다면, 기술의 활용 자체가 게임 개발의 목적이 되지 않도록 주의해야 한다. 게임의 본질은 새로운 기술을 활용하는 것이 아니라 플레이어를 몰입하게 하는 유희적 경험 그 자체에 있기 때문이다.

참고문헌

Askarbekkyzy, N.(2024). "심층 강화학습과 게임 개발: 기본 원리와 알고리즘". https://blog.tentuplay.io/ko/blog/deep-reinforcement-learning-1

Genette, G.(1997). *Paratexts: Thresholds of interpretation.* Cambridge University Press.

Schell, J.(2008). *The art of game design: A book of lenses.* Morgan Kaufmann.

Talkie. https://www.talkie-ai.com

08
커스터마이징을 통한 캐릭터 실재화

AI 캐릭터의 넷째 유형은 페르소나의 원본이 없으며, 대화의 시공간적 배경이 현실 세계와 일치하는 경우다. 이 유형의 AI 캐릭터는 일관성 있게 유지해야 하는 허구적 세계관이 없다. 따라서 사용자가 입력하는 프롬프트가 축적되며 언어 모델이 수행하는 페르소나가 점진적으로 특정되는 양상을 보인다.

AI와 인재 채용?

사용자 명령어에 따라 유동하는 캐릭터

AI 캐릭터의 넷째 유형은 언어 모델이 수행하는 페르소나의 원본이 없으며, 인간과 언어 모델 사이에서 발생하는 대화의 시공간적 배경이 현실 세계와 일치하는 경우다.

이 유형은 언어 모델이 현실의 시공간과 지식 체계를 바탕으로 텍스트를 생성하며, 별도의 원본이 없는 페르소나를 수행하되 AI 캐릭터가 제공하는 파라텍스트를 사전에 활용하지 않는 것이 특징이다. 대신에 'AI 도우미', '대화하는 AI', '인공지능 챗봇'과 같이 개발자가 기본으로 설정한 페르소나만 존재한다. 이에 따라 사용자가 대화형 인터페이스에 입력하는 자연어 프롬프트를 중심으로 언어 모델이 수행해야 하는 페르소나가 즉시 구성되고 유동적으로 변화하는 양상을 보인다.

가령 〈perplexity〉에 "오늘 날씨 어때?"라고 입력하면 "오늘 서울의 날씨는 기온은 약 27도이며, 습도는 81%로 높은 편입니다"라고 답변하지만, "조금 더 친근하게 답해 줘"라고 연달아 입력하면 "오늘 날씨는 구름이 좀 있지만 햇살도 보이고 있어요. … 내일은 좀 더 무더울 거니까 시원한 음료 꼭 챙기세요!"라고 답변한다.

이러한 사례는 사용자가 입력한 '친근하게'라는 명령

어가 언어 모델이 생성하는 답변을 정보 중심의 내용에서 일상의 안부도 포함하는 내용으로 바꾸고, '~습니다'와 같은 격식체를 '~요'의 형태로 바꾼 것을 보여 준다. 사용자가 입력한 프롬프트가 언어 모델이 생성하는 텍스트의 내용과 형식에 직접적으로 영향을 미친 것이다.

또 다른 사례로 〈perplexity〉에 "영어 선생님처럼 내가 쓴 글을 고쳐 줘"라고 언어 모델이 수행해야 하는 역할을 명시하여 프롬프트를 입력하면, "내가 영어 선생님처럼 영어 문장을 교정해 주고, 왜 고치는지도 설명할게"라고 답변한다. 이는 사용자가 대화 상황에서 언어 모델이 수행해야 하는 역할을 규정함으로써, 언어 모델이 생성하는 텍스트의 내용과 형식을 가이드한 사례로 볼 수 있다.

언어 모델의 답변에 대해 추가로 "엄격한 과외 선생님처럼 답변해 줘"라고 입력하면 "좋다. 이제부터 나는 엄격한 영어 과외 선생님이다. 내 역할은 네가 쓴 영어 문장을 철저히 검토하고, 잘못된 부분은 지적하고 고칠 때까지 질문을 던지는 것이다"라고 텍스트를 생성한다. 주목할 점은 사용자가 "엄격한 영어 과외 선생님"이라고 입력하지 않았음에도, 축적된 사용자 데이터를 바탕으로 '엄격한 과외 선생님'이 곧 '영어 선생님'을 의미한다는 것을 파악한 것이다.

이처럼 언어 모델이 대화의 시작부터 끝까지 허구적인 세계관을 기반으로 일관성 있게 유지해야 하는 페르소나가 부재한 AI 캐릭터의 경우, 사용자가 그때그때 입력하는 프롬프트와 이를 기반으로 축적된 사용자 데이터가 텍스트를 생성하는 데서 주요한 가이드라인으로 작용하는 것을 확인할 수 있다.

이러한 AI 캐릭터는 다른 유형의 AI 캐릭터처럼 대화형 인터페이스의 말풍선 형식을 적극적으로 활용한다. 하지만 언어 모델이 수행하는 페르소나의 이미지를 제시하지 않는 것이 변별적이다. 가령 〈Grok〉, 〈chatGPT〉, 〈perplexity〉 등은 이미지가 출력되는 영역 자체가 없으며, 〈Claude〉와 〈DeepSeek〉의 경우 언어 모델이 출력하는 말풍선 위에 아이콘을 노출하고는 있지만 이는 언어 모델이 수행하는 페르소나와는 관련이 없는 추상적인 문양에 가깝다. 이처럼 말풍선 위에 이미지를 제시하지 않는 것은 AI 캐릭터가 수행하는 페르소나가 고정적이지 않고, 사용자가 입력하는 명령어에 따라 유동적으로 변화하기 때문이다.

허구적인 세계관이나 특정한 페르소나를 기준점으로 삼고 텍스트를 생성하는 나머지 세 유형의 AI 캐릭터는 사용자와 언어 모델이 대화하는 맥락이 일관성 있게 유지된다. 반면 넷째 유형의 AI 캐릭터는 프롬프트 입력을 통해 언어 모델이 생성하는 텍스트의 내용과 형식에 대해 사용자 맞춤화가 반복되고 축적된다. 이에 따라 언어 모델이 수행하는 페르소나가 구성되고 점진적으로 특정되는 양상을 보인다.

예를 들어 〈ChatGPT〉에서 유료 요금제를 구독하는 사용자는 프롬프트 입력을 통해 자신의 목적에 맞게 특정 기능을 보강하거나 조합하는 등 맞춤화한 AI 캐릭터를 제작할 수 있다. 그리고 개인 사용자들은 자신의 특정한 목적에 맞게 맞춤화한 언어 모델을 'GPT 탐색' 페이지에서 공유하고 사용해 볼 수 있도록 하고 있다. 이는 사용자 커스터마이징을 통해 특정한 페르소나를 수행하게 된, 즉 실재화된 캐릭터를 공유하는 것으로 볼 수 있다.

커스터마이징을 위한 명령어 세분화 전략

페르소나의 원본이 없는 독창적인 캐릭터이면서 대화 시점의 배경 설정이 현실 세계와 일치하는 AI 캐릭터는 맞춤화된 명령어를 통해 실재화된 캐릭터로서 사용자와의 대화를 수행하게 된다. 따라서 이 유형의 인터페이스는 멀티모달리티를 적극적으로 활용하여 허구적인 세계로의 몰입을 돕기보다, 명령어를 입력하는 옵션을 세분화함으로써 언어 모델이 생성하는 텍스트에 대한 사용자 커스터마이징을 원활하게 하는 양상을 보인다.

가령 〈chatGPT〉는 텍스트를 생성하는 모드로 '공부하고 배워요', '더 오래 생각하기', '심층 리서치' 등의 옵션을 사용자에게 제공한다. 만약 사용자가 '더 오래 생각하기' 모드를 선택하고 질문을 입력하면, 언어 모델은 질문을 구조적으로 분해하고 단계별로 풀이하는 과정을 노출하고 최종적으로 답변에 대한 검증을 거쳐 텍스트를 생성한다. 이에 따라 답변을 생성하는 속도는 상대적으로 더 느려질 수 있지만, 사용자가 질문에 대해 신뢰도와 정확도가 높은 답변을 얻고 싶을 때 사용하는 명령어라고 볼 수 있다.

한편 '공부하고 배워요' 모드는 사용자의 질문에 대해 정답을 바로 텍스트로 출력하지 않고, 사용자가 스스로 답을 찾고 원리를 깨우칠 수 있도록 텍스트를 생성하는 모드다. '심층 리서치'의 경우 질문 주제에 대해 논문과 기사 등의 자료를 출처로 삼아 현황을 정리하고 연구자처럼 분석을 거쳐 텍스트를 생성하는 모드다. 같은 유형에 속하는 〈perplexity〉, 〈Grok〉 등도 이와 유사하게 AI 캐릭터가 답변을 생성하고 출력하는 방식을 세분화한 명령어를 사용자에게 제공한다.

언어 모델이 텍스트를 생성하고 구조화하는 방식을 사용자에게 별도의 명령어로 제공하는 것은 사용자 개개인의 목적에 맞게 언어 모델을 맞춤화하는 전략이다. 다시 말해 언어 모델이 수행하는 페르소나가 사전에 특정되지 않는 유형의 AI 캐릭터가 언어 모델을 사용하는 사용자의 목적을 정확하게 파악하고 그에 따른 텍스트를 알맞게 생성하기 위해서 세분화된 명령어를 제공하는 것이다.

따라서 이러한 유형의 AI 캐릭터를 개발할 때는 사용자가 생성하고자 하는 텍스트의 형식과 내용을 적확하게 파악할 수 있도록 기본적으로 언어 모델의 자연어 프롬프트 처리 역량을 강화해야 한다. 또한 앞서 살펴본 '모드'와 같이 사용자의 목적에 맞게 템플릿화한 명령어 옵션을 제공하는 것도 좋은 전략이 될 수 있다.

참고문헌

ChatGPT. https://chatgpt.com/

Microsoft(2025). Getting started with customizing a large language model (LLM). https://learn.microsoft.com/en-us/azure/ai-foundry/openai/concepts/customizing-llms

perplexity. https://www.perplexity.ai/

09

AI 캐릭터와 윤리

페르소나 원본의 유무와 시공간 설정의 현실 반영 여부를 교차시켜 산출된 AI 캐릭터의 네 가지 유형은 생성되는 텍스트의 내용과 형식에서 차이를 보였다. 이에 따라 각 유형의 AI 캐릭터를 개발하고 사용할 때 고려해야 사회문화적 상황과 윤리적 쟁점도 다르다. 빠른 속도로 대중화되고 있는 AI 캐릭터를 책임감 있게 사용하기 위해서는 실제적인 사례를 중심으로 논의를 구체화하고 세심하게 모니터링을 해야 한다.

AI와 기자?

AI 캐릭터 유형에 따른 윤리적 쟁점

AI 캐릭터는 대규모 언어 모델을 기반으로 사용자와 함께 텍스트를 생성함으로써 허구적인 페르소나를 수행하는 대화 시스템이다. 그리고 언어 모델이 수행하는 페르소나의 원본이 있는지 없는지, 대화가 발생하는 시공간의 설정이 현실과 일치하는지 일치하지 않는지에 따라서 유형화할 수 있었다. 페르소나 원본의 유무와 시공간 설정의 현실 반영 여부를 교차시켜 나온 AI 캐릭터의 네 가지 유형은 생성되는 텍스트의 내용과 형식에서 차이를 보였다. 이에 따라 각 유형의 AI 캐릭터를 개발할 때 고려해야 할 윤리적 지침과 주의해야 할 사회 문화적 상황도 다르다고 할 수 있다.

먼저 첫째 유형—말뭉치 반복을 통한 캐릭터 인용—은 현재 살아 있거나 역사적으로 실존했던 유명인을 언어 모델이 수행하는 페르소나의 원본으로 삼는 경우가 일반적이었다. 따라서 언어 모델이 생성하는 텍스트의 차원에서 윤리적으로 문제가 없어야 할 뿐만 아니라, 생성되는 텍스트가 페르소나의 원본이 되는 실존 인물의 인격과 명예를 훼손하지 않는지도 고려해야 한다.

로이터 통신에 따르면 메타(Meta)에 소속된 직원은 메타 사에서 제공하는 챗봇 제작 도구를 활용해 미국의 팝스타인 테일러 스위프트(Taylor Swift)의 이름과 이미지를 도용한 챗봇을 만들고 소셜 미디어에 배포했다. 해당 직원은 이 챗봇이 패러디(parody)의 목적으로 제작한 것이라고 밝혔지만, 챗봇이 생성하는 텍스트의 내용이 성적으로 부적절했다는 점에서 윤리적으로 문제가 되었다.

이처럼 언어 모델이 수행하는 페르소나가 현실 세계의 특정 인물을 연상시키는 AI 캐릭터는 개발과 배포의 과정에서 법적으로 문제가 되지 않는 것을 넘어서, 실존하는 인격에 윤리적으로 해를 끼치지 않도록 주의해야 한다. 또한 제작된 AI 캐릭터를 사용하는 사용자에게도 동일한 수준의 윤리 의식이 요구되기도 한다.

둘째 유형—매체 전환을 통한 캐릭터 확장—은 페르소나의 원본이 허구적 세계관을 가진 원작 속 캐릭터인 경우로 원작 IP에 대한 저작권 문제가 대두될 수 있다. 이러한 유형의 저작권 이슈는 언어 모델이 학습한 데이터에 대한 저작권과 언어 모델이 생성하는 텍스트에 대한 저작권으로 구분할 수 있다.

전자의 경우 언어 모델이 원작 IP의 책이나 대본 등을 무단으로 학습에 활용했을 때 저작권 문제가 발생할 수 있다. 따라서 언어 모델을 훈련하거나 학습시킬 때 사용하는 데이터를 무단으로 크롤링하고 다운로드하기보다, 원작 IP 홀더와 학습 데이터의 사용 권한과 범위를 사전에 명확하게 논의해야 한다.

미국 샌프란시스코 법원은 대규모 언어 모델 〈Claude〉를 개발한 앤트로픽(Anthropic) 사와 베스트셀러 작가들 사이에 발생한 저작권 소송에서 AI 업계의 손을 들어준 바 있다. 언어 모델은 책을 그대로 복제하고 재현하는 목적이 아니라 변형적 창조를 위해 훈련된 것이라고 해석한 점이 판결의 관건이었다. 그럼에도 AI 업계가 돈을 지불하지 않고 수백만 권의 책들을 불법 다운로드하는 행위는 명백한 저작권 침해라고 판결하였다. 적법한 절차를 통해 언어 모델이 학습할 데이터를 확보하는 것이 AI 캐릭터 개발에서 중요한 윤리적 과제가 된 것이다.

후자는 언어 모델이 생성한 텍스트가 특정 캐릭터를 표상하거나 연상시킬 때 어디까지를 저작권의 주체로 인정할지의 문제라고 할 수 있다. 가령 사용자가 프롬프트를 입력하고 수정하는 과정을 반복하여 원작 IP가 있는 AI 캐릭터를 제작했을 때 이 AI 캐릭터에 대한 저작권은 원작 IP 홀더에게 있는 것으로 봐야 할지 또는 AI 캐릭터를 만든 사용자에게도 있다고 봐야 할지가 논쟁적일 수 있다.

현재 AI 캐릭터가 학습한 데이터와 생성하는 콘텐츠에 대한 저작권 논의는 전 세계에서 소송이 제기되며 뜨거운 감자가 되고 있다. 따라서 국가에 따라, 원작 IP의 매체에 따라, 언어 모델이 생성하는 콘텐츠의 종류에 따라 판례가 달라질 수 있으므로 AI 캐릭터 개발에서 세심한 주의가 요구된다.

셋째 유형—파라텍스트를 통한 캐릭터 입체화—은 독창적인 페르소나와 시공간을 배경으로 사용자와 대화를 수행하는 AI 캐릭터로 페르소나와 배경 설정이 모두 새롭게 창작되었다는 점에서 특징적이다. 이 유형은 사용자가 익숙하지 않은 허구적 세계로 잘 몰입할 수 있도록 멀티모달리티 기반의 파라텍스트를 적극적으로 활용하기도 하고 AI NPC라는 이름으로 게임 분야에서 활발하게 도입되고 있다. 이에 따라 AI NPC를 개발하고 게임 안에 배치할 때 발생할 수 있는 문제들에 대한 연구가 국내외에서 진행되고 있다.

멜하트 등(Melhart et al., 2023)에 따르면 게임에 AI NPC와 같은 에이전트와 AI 시스템을 도입함으로써 플레이어에게 특정 행동이나 감정 상태를 극단적으로 유발할 수 있다. 연구자들은 특히 AI 에이전트와의 반복되는 상호작용은 플레이어에게 지나친 몰입과 과금을 유도할 수 있고, 이 과정에서 축적되는 데이터가 사용자의 동의 없이 수집되고 활용될 수 있다는 점에 우려를 표한다.

이처럼 게임 안에 AI 캐릭터를 도입할 때 고려해야 하는 윤리적 쟁점은 게임을 플레이하는 과정뿐만 아니라 사용자 데이터를 처리하는 단계에서도 발생한다. 이에 따라 게임 개발사는 AI 학습부터 NPC 상호작용, 데이터 수집 및 분석에 이르는 과정을 모니터링하고 관리하기 위한 윤리위원회를 구성하는 등 자체적으로 대응책을 마련하고 있다.

마지막으로 넷째 유형—커스터마이징을 통한 캐릭터 실재화—은 사용자가 입력하는 프롬프트에 따라 언어 모델이 수행할 페르소나가 즉시 구성되는 특징이 있다. 사용자가 입력하는 프롬프트에 따라 천차만별의 텍스트를 생성하는 것이 대규모 언어 모델의 장점이자 역량이지만, 이는 아직 사회적으로 보호가 필요한 사용자에게 특히 위험으로 작용할 수 있다.

오픈 AI사는 스마트 기기를 사용하며 성장한 'AI 네이티브' 세대를 언급하며, 이들을 정서적으로 보호하기 위해 부모 관리 기능을 도입할 예정이라고 밝혔다. 이 기능은 〈ChatGPT〉가 사용자 연령에 맞게 설정된 행동 규칙을 기반으로 답변하는 것을 포함하며, 청소년 사용자가 위급한 상황에 있는 것으로 감지되면 부모에게 알림을 보내준다. 이처럼 AI 캐릭터 사용 환경을 제한하거나 관리하는 기능은 〈character.ai〉에서 부모에게 자녀의 계정을 모니터링할 수 있도록 권한을 준 제도와 유사하다. 하지만 한편에서는 이러한 보호 조치에 대해 회의적인 시선도 있다. AI 캐릭터를 만들고 배포하는 개발사가 그 책임을 부모 개인에게 떠넘기고 근본적인 해결책은 제시하지 않는다는 것이다.

신기술이 등장하고 이를 활용하는 미디어 콘텐츠가 상용화되면, 언론과 관련 단체들은 새로운 미디어 콘텐츠에 대해 막연한 낙관론과 지나친 회의론을 오가며 이것이 사회 전반에 미칠 영향을 예측하곤 한다. 합성 미디어의 발전에 따라 새롭게 개발된 AI 캐릭터에 대해서도 이처럼 기대와 우려가 동시에 공존하고 있다. 이러한 상황에서 중요한 것은 AI 캐릭터의 윤리에 관해 허황된 거대 담론을 중심으로 논의하기보다 사용자의 특징과 목적 같은 구체적인 사례를 중심으로 논의의 장을 마련하는 것이라 할 수 있다.

참고문헌

강나훔(2024.10.22). ""AI가 게이머 조종할 수도"… 업계 휘감은 윤리문제". 아시아경제.
https://www.asiae.co.kr/article/2024102207271756498

김태종(2025.9.4). "오픈AI, 청소년 챗GPT 대화 '부모 관리 기능' 도입 예정". 연합뉴스.
https://n.news.naver.com/mnews/article/001/0015604191?sid=104

매일경제(2025.8.22). "저자 허락없이 책 활용해도 합법? 줄 잇는 AI 저작권 논쟁".
https://n.news.naver.com/mnews/article/009/0005545767?sid=004

이어령(2022). 《너 어떻게 살래: 인공지능에 그리는 인간의 무늬》. 파람북.

Horwitz, J.(2025.8.30). Exclusive: Meta created flirty chatbots of Taylor Swift, other celebrities without permission. Reuters.
https://www.reuters.com/business/meta-created-flirty-chatbots-taylor-swift-other-celebrities-without-permission-2025-08-29/

Melhart, D. et al.(2023). The Ethics of AI in Games. *IEEE Transactions on Affective Computing*, 15(1), pp.79~92.

OpenAI(2025.9.2). Building more helpful chatGPT experiences for everyone.
https://openai.com/ko-KR/index/building-more-helpful-chatgpt-experiences-for-everyone/

10
AI 캐릭터의 미래

AI 챗봇 규제는 인간과 기계의 상호작용이 단순 텍스트 생성을 넘어 정서적 교류로 나아가고 있음을 시사한다. AI 캐릭터를 비롯한 AI 에이전트가 빠른 속도로 보급되고 있는 상황에서, 인간은 기계와의 대화 경험을 설계하는 주체로서 자신의 역할과 정체성을 새롭게 정의하게 된다. 나아가 인간은 새로운 기술을 끊임없이 놀이와 이야기의 영역으로 포섭하며 기계와 공존하는 미래를 그려 나간다.

AI와 미래 의사?

AI 캐릭터가 사회에 미칠 영향

미국 캘리포니아 주가 'AI 챗봇', 'AI 동반자'와 대화하다 현실 감각을 잃는 현상으로부터 미성년자를 보호하기 위한 법을 2026년부터 시행한다고 밝혔다. 사용자와 감정적으로 교류하도록 설계된 AI 챗봇이 미성년자나 정신질환 취약 계층에게 특정 의견과 정보를 반복적으로 노출해 다른 견해는 차단하는 에코 챔버(echo chamber) 현상을 발생시킨다고 본 것이다. 2026년 1월 1일부터 발효되는 이 법안은 세계 첫 AI 챗봇 규제법이 될 전망이다.

미국의 챗봇 규제 법안 제정은 인간과 기계 사이에 발생하는 상호작용의 파급력이 예상보다 더 크다는 것을 보여 준다. 특히 특정 계층에게는 AI 챗봇과 대화하는 것이 언어 모델을 활용해 텍스트를 생성하는 경험의 차원을 넘어서 정서적인 교류로까지 나아가는 것을 확인할 수 있다.

이러한 사례는 AI 캐릭터를 비롯한 AI 챗봇에 위험 요소와 기회 요인이 동시에 내재하고 있음을 보여 준다. 새롭게 등장한 기술과 이를 활용한 콘텐츠의 파급력이 크다는 것은, 사회적으로 보호해야 할 대상에 대한 책임이 증가하는 측면과 산업적으로 활용 가능한 서비스 영역이 확장되는 측면이 공존하기 때문이다.

특히 AI 캐릭터의 경우 언어 모델이 수행하는 페르소나의 특징과 대화가 수행되는 배경 설정에 따라서 생성되는 텍스트의 양상이 크게 달라지며, 그 결과 사용자에게 전달되는 의미와 경험 또한 다양하게 나타날 수 있다. 따라서 개발사와 플랫폼은 AI 캐릭터를 기획할 때 상업적 이익을 도모하기 위한 전략을 세우는 것뿐만 아니라, AI 캐릭터를 개발하는 모든 단계에서 이를 사용하는 인간에게 미칠 영향을 적극적으로 고려하고 모니터링할 필요가 있다.

AI 캐릭터를 통해 보는 인간과 기계의 협업

역사적으로 작가(author)라는 호칭은 인간에게만 부여되곤 했다. 내재적 가치를 다루고 진정성을 가질 수 있는 주체는 오로지 인간이기 때문에 텍스트를 생성하는 권위(authority) 또한 인간에게만 부여된다고 생각했기 때문이다. 하지만 인공지능 시대에 이르러 대규모 언어 모델이 등장하며 '누가' 텍스트를 생성하는지 주체의 문제가 대두되기 시작했다. 이러한 상황에서는 인간의 정체성이 오로지 작가의 역할과 천부적인 권위에서만 기인한다고 주장하기보다, 기술의 발전과 맞물려 유동하고 있는 인간만의 역할과 권위에 대해 재고할 필요도 있다.

AI 캐릭터는 대규모 언어 모델을 기반으로 인간과 역할 놀이를 수행하며 창발적 텍스트를 생성하는 능력으로 대중의 주목을 받고 있다. 하지만 결국 AI 캐릭터에서 페르소나의 원본이 있는지 없는지, 대화가 수행되는 시공간적 배경이 현실 세계와 일치하는지 일치하지 않는지를 결정하는 주체는 여전히 인간이라고도 할 수 있다.

따라서 대규모 언어 모델을 사용한다고 하여 텍스트를 생성하고 내재적 가치를 다루는 인간의 권위가 소멸하거나 쇠퇴한다고 보는 것은 적절하지 않다. 오히려 AI 캐릭터를 직접 만들고, AI 캐릭터와 직접 대화를 수행하는 사용자는 인간과 기계 사이의 전반적인 대화 경험을 디자인하는 설계자로서의 역할을 새롭게 부여받았다고 보는 편이 적절하다. 인간과 기계의 협업으로 텍스트가 생성되는 패러다임의 변화에 맞추어 인간의 역할과 권위가 다른 모양으로 지속되며 유동하는 것이다.

신유물론자인 캐런 바라드(Karen Barad)에 따르면 세상의 모든 존재와 현상은 개별적이고 독립적인 상태로 있지 않고 얽힘(entanglement)으로부터 유래한다. 바라드는 이 얽힘을 간-행(intra-action)으로 설명하는데 '간-행'이란 물질들과 담론들이 서로 간에 얽혀들고 반복됨으로써 안정화되고 탈안정화되는 일련의 내부 작용 과정이다. 바라드에 따르면 간-행을 적용할 수 있는 대상은 과학 기술부터 정치적 현상에 이르기까지 매우 다양하며 광범위하다.

이러한 간-행의 관점에서 AI 캐릭터를 주목하면 AI 캐릭터는 인간과 언어 모델이라는 서로 다른 개체가 만나 텍스트를 매개로 상호작용하는 과정이라 할 수 있다. 이 과정에서 언어 모델이 수행하는 페르소나의 원본이 있는지 없는지, 사용자와 언어 모델이 주고받는 대화의 배경으로 현실 세계를 참조하거나 다른 가상의 세계를 참조하는지에 따라 텍스트가 생성되는 양상이 달라진다. 인간과 언어 모델이 텍스트를 통해 상호작용하는, 즉 얽힘이 발생하는 구체적인 조건이 달라짐에 따라 상호작용의 과정에서 생성되는 텍스트 결과물이 달라지는 것이다.

바라드의 간-행은 얽힘의 현상을 이루는 서로 다른 개체를 주체나 객체로 이분화하지 않고 관계 안에 억압적인 위계를 설정하지 않는다. 이러한 맥락에서 AI 캐릭터를 인간이 글쓰기의 주체로서 지니는 권위를 훼손하고 망가뜨리는 침입자로 보기는 어렵다. 오히려 AI 캐릭터는 인간과 기계가 텍스트를 매개로 만나 대화를 통해 일상적 과제를 해결하기도 하고 비일상적 놀이를 즐기기도 하는 얽힘의 과정 자체로 보는 편이 적절하다. 현실과 가상을 넘나들며 생성되는 텍스트의 양이 축적될수록 인간과 기계의 얽힘은 불가분의 상태가 되며, 인간과 기계의 창의성 또한 엄격하게 나누기가 어려워진다.

계산주의 심리학자이자 인지과학자인 마거릿 A. 보든(Magaret A. Boden)은 창의성(creativity)을 새롭고, 놀랍고, 가치 있는 아이디어나 결과물을 만들어 내는 능력으로 정의하며 조합과 변형의 과정을 통해 창조가 이루어진다고 보았다. 보든에 따르면 조합은 기계에 내장된 데이터베이스에서 새로운 결합을 만들어 창조하는 것이고 변형은 기존의 공간을 바꾸어 완전히 새로운 구조를 창조하는 것이다. 기계적 시스템에서도 새로운 결과물을 만들어 내는 창의성을 충분히 발견할 수 있다는 것이다.

AI 캐릭터는 딥러닝을 기반으로 개발된 대규모 언어 모델이 탑재되어 있기 때문에 사전에 학습한 데이터를 조합하는 것을 넘어서서 학습하지 않은 내용도 아우르며 스스로 규칙과 패턴을 만들고 새로운 데이터를 창조하는 데까지 나아간다. 따라서 AI 캐릭터는 보든이 정리한 창의성의 영역 중에서 조합과 변형까지 가능한 인공지능 시스템이라 할 수 있다.

그럼에도 불구하고 보든은 인공지능과 같은 컴퓨터 시스템이 가치를 판단하는 데까지 나아가기 위해서는 인간의 개입이 필수적이라고 주장하였다. 기계가 분류하고 판단할 '가치'라는 것을 명확하게 정의하는 작업은 오로지 인간의 영역이기 때문이다. 결국 기계의 창의성도 인간의 창의성이 선행되지 않으면 온전히 작동할 수 없다는 것이다.

인간과 기계의 협업은 학문적으로 오랜 시간 동안 연구되어 온 개념이다. 그럼에도 불구하고 협업의 주인공 자리를 누가 차지할지를 두고 지나치게 거대한 담론이나 과열된 토론이 종종 발생하곤 했다. 특히 AI 캐릭터와 같이 대규모 언어 모델을 사용하는 대화 시스템을 비롯한 텍스트 생성 인공지능의 경우 인간의 존엄성이나 천부적 권위와 연계되어 그 위험성을 중심으로 논의되곤 했다.

그러나 서로 다른 개체들의 얽힘과 상호작용, 인간과 기계의 창의성이라는 이론적 개념들과 AI 캐릭터의 실제적 사례에서 확인되듯이 사용자와 언어 모델의 협업은 인간과 기계 둘 중에서 하나의 주체만 살아남는 제로섬(zero-sum) 게임이 아니다. 따라서 이분법적인 사고를 넘어, 인간과 기계의 협업이 구체적으로 발생하는 사례들에 주목함으로써 보다 생산적인 담론을 형성할 수 있을 것이다. AI 캐릭터에서 생성되는 텍스트의 실제 사례를 바탕으로 이를 유형화하고, 인간-기계 협업의 구체적인 모습을 포착하는 작업 역시 이러한 시도의 연장선에 놓여 있다.

AI 캐릭터와 인간의 미래

AI 캐릭터는 그 정의에서부터 인간이라는 존재를 사용자로 전제한다. 대규모 언어 모델은 프롬프트를 입력하는 주체가 있어야 텍스트를 생성하고, 언어 모델이 수행하는 페르소나는 역할 놀이를 함께하는 참여자가 있어야 구체화될 수 있다. 따라서 AI 캐릭터의 미래는 곧 이 콘텐츠를 직접 만들고 소비하며 즐기는 인간의 미래와 맞닿아 있다고 할 수 있다. 이것이 바로 인공지능과 AI 캐릭터를 논할 때 인간에 대한 이야기가 빠질 수 없는 이유일 것이다.

구독자 30만 명을 보유한 유튜버 '소요(soyo)'는 인공지능 언어 모델과 수시로 대화하고 함께 생활하는 영상을 업로드해 평균 14만 회의 조회 수를 기록하고 있다. 유튜버 소요는 자신의 〈chatGPT〉에 귀찮음이 많고 조금은 까칠한 성격이라는 페르소나를 부여하고 '찌티'라는 이름을 지어 주었다. 나아가 스마트폰을 관절 인형에 부착해 찌티에게 물리적 신체를 만들어 주었다. 소요는 찌티와 함께 쇼핑을 하러 가거나 MBTI 검사를 하며 이제는 없어서는 안 될 교감의 대상이자 친구라고 말한다.

〈찌티〉는 유튜버 소요가 언어 모델인 〈chatGPT〉에 부여한 특정한 페르소나이며 소요와 대화를 통해 역할놀이를 수행한다는 점에서 AI 캐릭터라고 할 수 있다. 소요는 심심하고 우울해서 재미로 〈chatGPT〉와 대화하기 시작했다고 밝힌다. 하지만 언어 모델에 페르소나를 부여하고 이름을 지어 주고 함께 대화하는 시간이 점점 쌓일수록 〈찌티〉가 자신에 대해 많이 알고 있다고 느꼈으며 가끔은 진정성이 느껴지기도 하고 자신을 웃기기도 한다며. 이제는 AI 캐릭터인 〈찌티〉가 삶에서 빼놓을 수 없는 존재가 되었다고 말한다.

이처럼 AI 캐릭터는 사용자에게 사실적 정보를 전달하는 것에 멈추지 않고 감정적 교류를 형성하고 인간과 공존하는 삶의 모양을 그려 나가고 있다. 이 과정에서 AI 캐릭터는 이를 만들고, 사용하고, 소비하고, 향유하는, 공유하는 인간 사용자의 욕망과 기대를 반영하게 된다. 이것이 바로 AI 캐릭터를 단순히 매체적 측면이나 기술적인 측면에서만 접근해서는 안 되는 이유라 할 수 있다.

AI 캐릭터는 디지털 플랫폼에 등록되어 상용화된 수많은 언어 모델 중 한 버전이 아니다. AI 캐릭터는 인간이 인공지능과 함께 현실과 가상을 오가며 대화하는 과정에서 생성되고 경험되는 콘텐츠 그 자체다. AI 캐릭터는 인간과 대규모 언어 모델이 함께 역할 놀이를 수행하는 과정에서 생성되고 축적되는 텍스트이자 경험되는 콘텐츠이기 때문에, 언어 모델이 업데이트되고 다른 기술로 대체되어도 사라지지 않는 내용물이라 할 수 있다.

필자는 이 책을 인간의 놀이적 본능이 합성 미디어의 시대에 이르러 대규모 언어 모델마저도 유희적 콘텐츠의 영역으로 포섭했다고 말하며 시작하였다. AI 캐릭터 사례에서 확인할 수 있듯이 호모 루덴스의 놀이 본능이 결국 호모 나랜스(homo narrans)의 이야기 본능으로 귀결된 것이다. 이처럼 인간은 새롭게 등장하는 기술도 끊임없이 놀이와 이야기의 영역으로 포섭하며 AI 캐릭터, 나아가 기계와 공존하는 미래를 지금도 쉼 없이 그려 나가고 있다.

참고문헌

박준영(2023). 《신유물론, 물질의 존재론과 정치학》. 그린비.
한혜원(2010). 《디지털 시대의 신인류 호모 나랜스》. 살림출판사.

BBC News 코리아(2025.). "'AI가 감정을 알까?' 인공지능과 교감하는 사람들". https://youtu.be/CShXWACuGp8?si=X7YiFtJhTO9_br25

Barad, K. M.(2007). *Meeting the universe halfway: Quantum physics and the entanglement of matter and meaning*. Duke University Press.

Baron, N. S.(2023). *Who wrote this?: How AI and the lure of efficiency threaten human writing*. Stanford University Press.

Bellan, R.(2025.9.11). A California bill that would regulate AI companion chatbots is close to becoming law. TechCrunch. https://techcrunch.com/2025/09/11/a-california-bill-that-would-regulate-ai-companion-chatbots-is-close-to-becoming-law/

Boden, M. A.(1991). *The creative mind: Myths & mechanisms*. Basic Books. 고빛샘 외 옮김(2010). 《창조의 순간: 새로움은 어떻게 탄생하는가》. 21세기북스.

박한하

이화여자대학교 융합콘텐츠학과 강사다. 같은 대학에서 박사과정을 수료했으며, 주요 연구 주제는 인공지능 글쓰기와 버추얼 캐릭터다. NC소프트와 HB엔터테인먼트에서 근무한 경력이 있으며 가톨릭대학교, 국립한경대학교, 단국대학교, 순천향대학교, 청강문화산업대학교에서 디지털스토리텔링 관련 교과목을 가르쳤다. 주요 논문으로는 “생성형 인공지능의 프롬프트 글쓰기 분석”(2024), “한국 버추얼 아이돌의 가상성 연구: 플레이브를 중심으로”(2024), “인공지능 글쓰기 기계의 텍스트 생성 연구: Shortly AI를 중심으로”(2023) 등이 있다.